T0197085

essentials liefern aktuelles Wissen in konzentrierter Form. Die Essenz dessen, worauf es als „State-of-the-Art" in der gegenwärtigen Fachdiskussion oder in der Praxis ankommt. *essentials* informieren schnell, unkompliziert und verständlich

- als Einführung in ein aktuelles Thema aus Ihrem Fachgebiet
- als Einstieg in ein für Sie noch unbekanntes Themenfeld
- als Einblick, um zum Thema mitreden zu können

Die Bücher in elektronischer und gedruckter Form bringen das Expertenwissen von Springer-Fachautoren kompakt zur Darstellung. Sie sind besonders für die Nutzung als eBook auf Tablet-PCs, eBook-Readern und Smartphones geeignet. *essentials:* Wissensbausteine aus den Wirtschafts-, Sozial- und Geisteswissenschaften, aus Technik und Naturwissenschaften sowie aus Medizin, Psychologie und Gesundheitsberufen. Von renommierten Autoren aller Springer-Verlagsmarken.

Weitere Bände in der Reihe http://www.springer.com/series/13088

Regine Grafe

Umweltgerechtigkeit – Wohnen und Energie

Instrumente und Handlungsansätze

 Springer Vieweg

Regine Grafe
Ludwigsfelde, Deutschland

ISSN 2197-6708 ISSN 2197-6716 (electronic)
essentials
ISBN 978-3-658-30592-5 ISBN 978-3-658-30593-2 (eBook)
https://doi.org/10.1007/978-3-658-30593-2

Die Deutsche Nationalbibliothek verzeichnet diese Publikation in der Deutschen Nationalbibliografie; detaillierte bibliografische Daten sind im Internet über http://dnb.d-nb.de abrufbar.

Planung/Lektorat: Daniel Fröhlich
Springer Vieweg ist ein Imprint der eingetragenen Gesellschaft Springer Fachmedien Wiesbaden GmbH und ist ein Teil von Springer Nature.
Die Anschrift der Gesellschaft ist: Abraham-Lincoln-Str. 46, 65189 Wiesbaden, Germany

Was Sie in diesem *essential* finden können

- Einen Einblick in die Problematik von umweltgerechtem und energieeffizientem Wohnen
- Stand der Energiearmut in ausgewählten Ländern der Europäischen Union
- Darstellung des Zusammenhangs von Wohnqualität, Bausubstanz, Energiekosten und Gesundheitsbelastungen
- Wichtige Details über die Folgen von Raumreduktion in Hinblick auf Gesundheitsbelastungen und Verhaltensauffälligkeiten
- Einen Ausblick auf stadtplanerische Herausforderungen der Zukunft im Kontext mit Bevölkerungswachstum und zunehmender Verstädterung

Inhaltsverzeichnis

Gerechtigkeitsansätze – Vorbetrachtungen

1

„Unter Einbeziehung der Betrachtung der sozialräumlichen Situation auf die Gesundheit von Wohnbevölkerung zeigen sich Probleme der Gesellschaft insgesamt, welche zwangsläufig in Fragen zur Gerechtigkeit *(Equity)* münden. Sozialbenachteiligende Lebensumstände werden neben den individuellen psychosozialen und verhaltensspezifischen Gegebenheiten maßgeblich von gesellschaftlichen Rahmenbedingungen geprägt". (Bunge 2012)

Ausgehend davon, dass Gerechtigkeit ein normativer, mit dem Sollen verbundener Begriff und einer ethischen Komponente ist, sind Begriffe wie Umweltgerechtigkeit, soziale Gerechtigkeit, Bildungsgerechtigkeit und weitere mit der Aufforderung verbunden, Verantwortung zu übernehmen, um ungerechte in gerechte Zustände umzuwandeln. Meistens wird dabei die Verantwortung einer staatlichen Institution oder anderen gesellschaftlichen Vertretern, wie z. B. Verbänden, Wirtschaftsunternehmen oder auch religiösen Gemeinschaften gesehen. Die Verantwortung des Einzelnen in der Gesellschaft steht eher nicht im Fokus, obwohl die Verantwortung des Einzelnen in der Gesellschaft zweifelsfrei besteht (vgl. Abb. 1.1). Gerechtigkeit wird meistens von Gruppen aus der Gesellschaft oder auch von Einzelpersonen aus der Gesellschaft eingefordert, dabei spielen hedonistische Aspekte keine unbedeutende Rolle. Unterstützung kann das normierte Recht bieten. Gerechtigkeit hängt, wenngleich auch emotionale oder hedonistische Aspekte mitwirken, mehrheitlich mit Verteilung, Teilhabechancen und Zugang zusammen.

So umfasst zum Beispiel die Umweltgerechtigkeit unter anderem den gerechten Zugang zu den natürlichen Ressourcen, den Umweltkompartimenten Wasser, Boden und Luft.

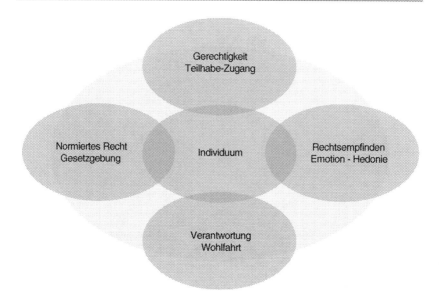

Abb. 1.1 Beziehungsgeflecht von Gerechtigkeit und normativem Recht

Hintergrundinformation
Wasser, Boden und Luft werden als die Umweltkompartimente bezeichnet. Kompartimente sind Systeme mit einem definierten Funktionszusammenhang, sie werden häufig auch als natürliche Ressource bezeichnet.

Das Kompartiment Wasser umfasst alle Arten von Wasser, wie Oberflächengewässer, Grundwasser, stehende Gewässer, fließende Gewässer, Quellen, Bäche, Teiche, Seen, Ozeane und weiter. Sie werden zusammenfassend als Aquifer bezeichnet – das Trinkwasser gehört nicht dazu, da es aus irgendeinem Wasser hergestellt wird oder als Wasser zum Trinken genutzt wird (Grafe 2018).

Das Kompartiment Boden definiert sich über seine biologische Vitalität. Streng genommen ist der Boden ein Kompartiment mit einer mehr oder weniger großen biologischen Vielfalt an Mikroorganismen und Kleinstlebewesen (BBdSchG 2017). Der Boden in urbanen Gebieten entspricht dieser Definition nur in eingeschränktem Maße oder gar nicht. Man spricht dann von Aufschüttungshorizonten mineralischen Gesteins. Übriges ein Umstand, der mit dazu beiträgt, dass ein natürlicher Abbau von Schadstoffen in solchen Böden durch Mikroorganismen nur bedingt oder gar nicht stattfindet (Grafe 2018).

Das Kompartiment Luft mit seinem Anteil an Sauerstoff, Kohlendioxid und einigen anderen Gasen wie Stickstoff, Argon und weiteren ist das Lebenselixier für alle Lebewesen, die Sauerstoff zum Atmen brauchen, um so Lebensenergie zu gewinnen. Kohlendioxid brauchen Pflanzen und verschiedene Mikroorganismen, um Sauerstoff mithilfe der Fotosynthese zu produzieren (Grafe 2018).

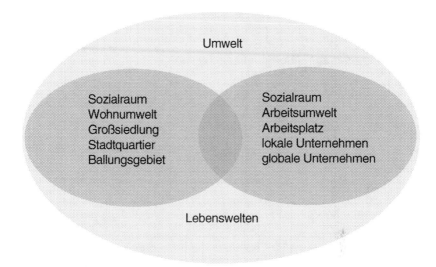

Abb. 1.2 Raumbeziehungen des ganzheitlichen Umweltbegriffs

Vor dem Hintergrund, dass der Zugang zu sauberem Wasser oder auch zur sauberen d. h. schadstofffreien bzw. schadstoffarmen Luft für viele Menschen nicht gewährleistet ist, stellt sich die Frage nach den sozioökonomischen Situationen der Betroffenen. Unter einem ganzheitlichen Ansatz ist die Umwelt ein Raum mit verschiedenen Raumbeziehungen, die diese ausmachen. Solche Raumbeziehungen können die biologisch-ökologische Umwelt und die Arbeits-umwelt oder auch die Welt des Wohnens mit der Wohnumwelt sein Abschn. 4.1. Sowohl die Arbeitsumwelt als auch die Wohnumwelt sind Sozialräume, weil hier gesellschaftliche Gruppen unterschiedlicher oder gleicher Sozialstruktur agieren[1] (vgl. Abb. 1.2). Die Schnittstellen der verschiedenen Raumbeziehungen eröffnen jeweils einen beidseitigen Blick von den in direkter Beziehung stehenden Welten.

Zu den sozioökonomischen umweltlichen Räumen gehören die Wohnung ebenso wie die Wohnumwelt oder Siedlungsumwelt, welche häufig auch als Quartiere bezeichnet wird. Die Sozialstruktur der Gruppen, die diese Räume bewohnen, schafft die Handlungsvoraussetzung für Teilhabe, Zugang und Ver-teilung. So verfügen einkommensschwache Bewohner häufig nicht über die

---

[1]Zur Vertiefung wird auf Grafe Umweltgerechtigkeit (2020) verwiesen.

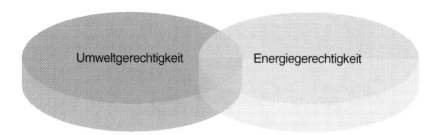

Abb. 1.3 Schnittmengendarstellung von Umweltgerechtigkeit und Energiegerechtigkeit

ökonomischen Voraussetzungen, ihre Grundbedürfnisse an ausreichendem Wohnraum oder notwendiger Energie für die Haushaltsführung zu decken (AK 2011). Damit einhergehend, entstehen Energiearmut und sozialrauminduzierte Gesundheitsbelastungen. Der Umweltgerechtigkeitsansatz[2], der sich mit den Gesundheitsbelastungen durch Umweltfaktoren beschäftigt, bezieht bei der Ursachenfindung die Bewertung der sozialräumlichen Struktur des jeweiligen Quartiers – der Wohnumwelt – ein. Er umfasst die biologisch-ökologischen Umweltbedingungen und die der sogenannten gebauten Umwelt (engl: *built environment*). Die Energieversorgung und Energiezugang sowie die gesundheitsrelevanten Beeinträchtigungen umfasst er derzeit nicht (vgl. Abb. 1.3). Der Zugang zu Energie, d. h. eine auskömmliche Versorgung z. B. mit elektrischem Strom oder Gas zum Aufrechterhalten der Lebensfunktionen, wie Essen, Trinken und Heizung, gehört insofern mit dazu, weil Gesundheitsaspekte unmittelbar betroffen sind (Bouzarovski et al. 2013; Schumacher et al. 2015).

In vielen Ländern der Europäischen Union wird für die mangelhafte Energieversorgung einkommensschwacher Bevölkerungsgruppen der Begriff der *Energiearmut* (engl. *domestic energy poverty*) verwendet. In Österreich wird z. B. für den gleichen Sachstand der Begriff der *Energiearmutsgefährdung* und in Deutschland wird vor dem Hintergrund eines gerechten oder ungerechten Zugangs auch *Energiedemokratie* verwendet (Weis et al. 2015). Die Ursachen dafür liegen allerdings in allen Ländern in der Einkommensschwäche und in der jeweiligen Wohnsituation der betroffenen Bevölkerungsgruppe begründet. Energiearmut alleinig an Einkommensschwäche festzumachen, trifft jedoch nicht die Sachlage im Ganzen. Die gebaute Umwelt mit all ihren Einwirkungen muss

---

[2]Zur Vertiefung wird auf Grafe Umweltgerechtigkeit (2020) verwiesen.

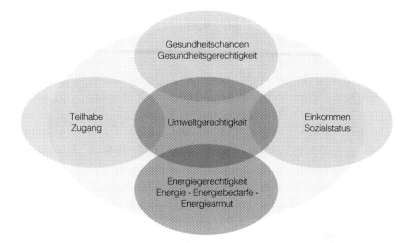

Abb. 1.4 Darstellung der Komponenten des ganzheitlichen Umweltgerechtigkeitsansatzes

zwingend mit in das Ursachenfeld für Energiearmut aufgenommen werden, da diese maßgeblich die Wohnungsqualität und deren Energieeffizienz bestimmt (vgl. Abb. 1.4). Menschen, die aufgrund ihrer sozioökonomischen Situation von Energiearmut betroffen sind, sind gleichsam einer Energieungerechtigkeit ausgesetzt. Der Umweltgerechtigkeitsansatz erfährt somit eine Erweiterung um die Energiegerechtigkeit. Insofern subsumiert sich die Diskussion zu Energiegerechtigkeit im Umweltgerechtigkeitsansatz.

Literatur

AK [Arbeiterkammer Österreich] (2011) Online-Portal, Pressekonferenz, online unter https://www.arbeiterkammer.at/interessenvertretung/wirtschaft/wirtschaftkompakt/sozialstaat/Sozialstaat_reduziert_Armut_erheblich.html (Zugegriffen: 26. Febr. 2020)

Bouzarovski, St. Petrova, S. et al. (2013) *Precarious Domesticities Energy Vulnerability among young urban adults* (Hrsg.) Bickerstaff, K. et al. In: *Energy Justice in Changing Climate*, London

Bunge, Ch. (Hrsg.) (2012) Die soziale Dimension von Umwelt und Gesundheit In: Umweltgerechtigkeit, (Hrsg.) Mielck, A. Hans Huber Verlag Bern

BBodSchG [Bundes-Bodenschutz-Gesetz] (2017) Allgemeine Begriffsbestimmungen § 2 letzte Änderung mit Gesetzblatt (BGBl.IS.2808) online unter http://extwprlegs1.fao. org/docs/pdf/ger89203.pdf (Zugegriffen: 18. April 2020)

Grafe, R. (2018) Uweltwissenschaften für Umweltinformatiker, Umweltingenieure und Stadtplaner, Springer ISBN 978-3-662-57746-2; ISBN 978-3662-57747-9 (eBook)

Schumacher, K. Cludius, J. et al. (2015) *How to end Energy Poverty? Scrutiny of Current EU and Member States Instruments, European Parliament, Brussels*

Weis, L. et al. (2015) Energiedemokratie – Grundlagen und Perspektiven einer kritischen Energieforschung (Hrsg.) Rosa-Luxemburg-Stiftung, V. i. s. P. Martin Beck ISSN 2994-2242

Umwelt und Wohnen

2

2.1   Umwelt und Wohnumwelt

Definitorische Begriffsbeschreibung – Umwelt und Wohnumwelt[1]

> „Umwelt ist die Gesamtheit aller existenzbestimmenden Faktoren, die die physischen, psychischen, technischen, ökonomischen, sozialen und soziologischen Bedingungen und Beziehungen der Menschen bestimmen. Insofern umfasst der Umweltbegriff neben der Arbeitsumwelt und der biologisch-ökologischen Umwelt auch die Lebensumwelt – und damit die Wohnumwelt". (Grafe 2020)

Bereits in früheren Jahren haben sich die Wohnumstände von Menschen Aufgrund der bestehenden sozioökonomischen Verhältnisse erheblich voneinander unterschieden. Das betraf nicht nur die Wohnungsqualität sondern auch die Wohnqualität und Quartiersqualität – ein Zustand, der sich derzeit noch immer in vielen Städten Europas und der Welt deutlich abbildet. Als Beispiel sei in diesem Zusammenhang auf die gründerzeitlichen Quartiere in den deutschen Städten hingewiesen. Während in der Gründerzeit im Zuge der Industrialisierung prunkvolle Vorderhäuser für einkommensstarke Bewohner in den Städten entstanden, lebten in den sogenannten Hinterhöfen die weniger Einkommensstarken. Sozioökonomische Aspekte und die jeweilige soziologische Prägung der Bewohner von Quartieren bestehen bis heute. So entstanden vor allem in den Jahren von 1950 bis Ende der 1980er Jahre sowohl Wohnquartiere für mehrheitlich einkommensstarke Bewohner, als auch für solche die einkommensschwach sind.

---

[1]Zur Vertiefung wird auf Grafe Umweltgerechtigkeit (2020) verwiesen.

Während Quartiere mit sozioökonomisch schwachen Bewohnern vorwiegend in Großsiedlungen an den Stadträndern von Metropolen angesiedelt sind, entstehen in Innenstädten zunehmend hochwertige Wohnkomplexe, die für potenziell einkommensstarke Bewohner programmiert sind. Die infolge dessen entstehenden Segregations[2]- und Aggregationsprozesse[3] zeigen sich in ökonomisch provozierter Verdrängung der Einen und in der Aggregation der Anderen. Dabei spielen neben ökonomischen Faktoren auch demografische und ethnische Faktoren, wie Altersarmut oder Migrationshintergrund eine Rolle.

> Ausgehend vom ganzheitlichen Begriff der Umwelt, lässt sich der Zusammenhang von Umwelt, hier Wohnumwelt, und Soziökonomie insbesondere in Städten und Ballungsgebieten deutlich ablesen. Quartiere und Siedlungen repräsentieren jeweils eine spezifische sozioökonomische Homogenität ihrer Bewohner und weisen gleichzeitig spezifische Wohnumweltqualitäten bzw. Defizite auf. Eine sozialräumliche Betrachtung der Wohnumwelt zeigt, dass diese weitgehend sozioökonomisch dominiert ist, wenngleich auch demografische und ethnische Faktoren dabei eine nicht unwesentliche Rolle spielen, weil auch diese häufig sozioökonomisch bestimmt sind.

2.2   Umweltgerechtigkeit und Wohnen

Definitorische Begriffsbeschreibung – Umweltgerechtigkeit im Kontext mit Wohnen

„Umweltgerechtigkeit verbindet soziale Gerechtigkeitsaspekte und Umweltaspekte miteinander. Sie umfasst die sozialräumliche Verteilung von Umwelteinflüssen und von Umweltbeeinflussungen. Diese Verteilung kann global oder auch lokal bewertet werden. Dabei spielen insbesondere Verteilungsgerechtigkeit, Zugangsgerechtigkeit, Vorsorgegerechtigkeit und Verfahrensgerechtigkeit im Sinne von Teilhabe eine wichtige Rolle. Umweltgerechtigkeit steht in einem unmittelbaren sozialräumlichen Zusammenhang und umfasst somit auch das Wohnen". (Grafe 2020)

---

[2]Segregation: Abwanderung von Bewohnergruppen.
[3]Aggregation: Zuwanderung von Bewohnergruppen.

Mit Fokus auf Wohnen und Wohnungsqualität ist die Betrachtung von Gerechtigkeitsaspekten unabdingbar. Als Oberbegriff kann dafür Umweltgerechtigkeit herangezogen werden. Hierunter ist zu verstehen, dass die umweltbezogenen Beeinflussungen auf die Menschen sowohl der Betrachtung sozialräumlicher als auch sozioökonomischer inkl. soziodemografischer und ethnischer Aspekte bedarf. Beispielhaft kann dafür angeführt werden, dass häufig eine schlechte Bausubstanz für Wohnbauten (Gebaute Umwelt = *built environment*) von einkommensschwachen Menschen bewohnt wird. Infolge dessen können z. B. Atemwegserkrankungen und weitere entstehen (Grafe 2018). Mithilfe einer Vielzahl von Studien konnte das nachgewiesen werden. Als ein Beispiel dafür sei die umfangreiche NORDDAMP-Studie, deren Fokus auf Bauwerksfeuchte in Wohnungen liegt, angeführt (Bornehag et al. 2001).

▶ Liegt der Fokus der Betrachtung auf dem Innenraum, der sogenannten *Indoor*-Betrachtung, spricht man von Wohnungsqualität. Liegt er auf dem Wohnumfeld – *Outdoor*-Betrachtung– spricht man von Wohnqualität. Es ist unstrittig, dass beide Betrachtungsweisen unmittelbar zusammen gehören.

Während die *Indoor*-Qualität weitgehend von den bauphysikalischen Gegebenheiten und der Innenausstattung, wie Badezimmer, Dusche inkl. Wohnmobiliar und Wohnaccessoires bestimmt wird, ist die *Outdoor*-Qualität abhängig von der Wohnsituation, vom sozialen Umfeld einer Wohnung inkl. des Wohnumfeldes – des öffentlichen Raums (vgl. Abb. 2.1). Häufig sind bauliche Mängel, wie schlecht schließende Fenster oder mit Schadstoff belastete Fußbodenbeläge oder Mobiliar, zusätzliche Quellen für Innenraumluftbelastungen. Dazu kommt, dass von einkommensschwachen Bewohnern unwissentlich häufig Innenraumausstattungen erworben werden, die über Jahre Schadstoffe, wie Weichmacher, Textilimprägnierungen und weitere, ausdünsten (Grafe 2018). Als Beispiel sei dafür die sogenannte „Schwarze Wohnung" – ein Effekt, der vor allem in der Heizperiode auftritt und sich meistens sehr deutlich nach Renovierungsarbeiten im Innenraum zeigt, genannt. Das Ausdünsten und Niederschlagen von Schadstoffen *(engl. indoor pollutions),* auch *„Fogging-Effekt"* (Schwarzverfärbung von Räumen) genannt, führt zu Ablagerungen von organischen Schadstoffen auf meist frisch gestrichenen Wänden in Gebäuden (Moriske und Wensing 2001). Hier kommt die Teilhabe an Bildung ins Spiel, die für viele Einkommensschwache nicht in ausreichendem Maße gegeben ist. Sie können beim Erwerb von Wohnungseinrichtungen, wie Polstermöbel, Teppichböden nicht einschätzen, mit welchen organischen Schadstoffen diese belastet sind und, dass diese über

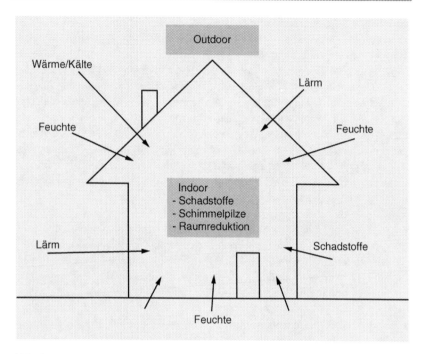

Abb. 2.1 Darstellung von *Indoor*- und *Outdoor*-Belastungen in Bezug auf die Wohn-umwelt

eine lange Zeit, meist bis zum tatsächlichen Verschleiß, diese Stoffe permanent ausdünsten. Ein anderes Problem besteht dann, wenn eine Wohnung in unmittel-barer Nähe einer vielbefahrenen Straße liegt. Es ist davon auszugehen, dass die Bewohner der jeweiligen Wohnungen von Lärm und Schadstoffen aus dem Straßenverkehr sowie ggf. durch sogenanntes Wechsellicht belastet werden. Die Gesamtbelastung, die sich aus dem äußeren Umfeld einer Wohnung ergibt, wird als *Outdoor*-Belastung bezeichnet.

Unter dem Gerechtigkeitsanspruch erschließt sich, dass Einkommens-schwäche, Mietentgelt und Gesundheitsbelastung kollegial verknüpft sind. Das bedeutet im Umkehrschluss, dass sowohl Wohnsituation als auch Gesundheitsbe-lastung häufig sozioökonomisch bedingt sind. Dem Anrecht auf gesunde Lebens-bedingungen wird infolge dessen für Einkommensschwache nicht entsprochen. Teilhabe und Gerechtigkeit als Bestandteile von Umweltgerechtigkeit werden nicht gewährleistet – der Zustand entspricht somit einer Umweltungerechtigkeit. Darüber hinaus sind sozialräumlich brisante Wohnquartiere häufig von schlechter

Aufenthalts- und Erholungsqualität durch fehlende Grün- und Freiflächen geprägt. Die so im öffentlichen Raum entstandene Raumreduktion[4] für die Bewohner provoziert neben Gesundheitsbeeinträchtigungen zusätzlich Singularisierung und Aggression (Hornberg et al. 2015). Nicht zu unterschätzen ist darüber hinaus die Beeinflussung der Raumreduktion auch im Wohnbereich, die zu physischen und psychischen Belastungen führen kann (EU SILC 2012). Dazu kommen Übernutzungseffekte, welche wiederum zu Fehlnutzungen wie Vermüllung, Aggression und Zerstörung führen (Tembrock 2000). Raumreduktion führt darüber hinaus zu sozialen Segregationen und Aggregationen Abschn. 3.1. Sie trägt maßgeblich zur Veränderung bzw. Auflösung von Sozialräumen bei, wobei wiederum neue Sozialräume entstehen können Abb. 3.3.

▶ Wohnen und Wohnumfeld sind ökonomisch dominiert. Mithilfe des Umweltgerechtigkeitsansatzes werden die Zusammenhänge von Sozioökonomie und Umwelteinfluss sowie Umweltbeeinflussung erfasst[5]. Umweltgerechtigkeit impliziert Teilhabe an der soziologischen Umwelt. Die sozialraumbezogene Betrachtung von Gesundheitsbeeinträchtigungen umfasst neben anderen Faktoren auch den Zusammenhang von Einkommensschwäche, Wohnqualität und Wohnungsqualität. Dabei spielen Faktoren, wie Raumreduktion und Teilhabeverluste eine zentrale Rolle. Singularisierung, Aggression, spezifische psychische und physische Krankheitsbilder, Kommunikationsverarmung und Teilhabedefizite sind Folgen von Umweltungerechtigkeit und beinhalten vor allem sozialräumlich wirkende Komponenten, die sich in der realen Lebensumwelt der Menschen widerspiegeln.

2.3 Energiegerechtigkeit und Wohnen

Definitorische Begriffsbeschreibung – Energiegerechtigkeit im Kontext mit Wohnen

„Energiegerechtigkeit verbindet soziale Gerechtigkeits- und Umweltaspekte miteinander, indem sie sich in den Ansatz von Umweltgerechtigkeit einbindet. Sie umfasst die sozialräumlichen Nutzungsbedarfe von Energie und deren Verteilung im

---

[4]Raumreduktion: Nicht auskömmlicher Raum für die physische und psychische Gesundheit der Menschen.

[5]Zur Vertiefung wird auf Grafe Umweltgerechtigkeit (2020) verwiesen.

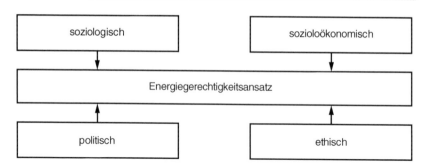

Abb. 2.2 Darstellung der Komponenten des Energiegerechtigkeitsansatzes

sozioökonomischen Kontext ihrer Bewohner. Energiegerechtigkeit ist (engl. *energy justice*) in Anlehnung an den Umweltgerechtigkeitsansatz sowohl auf den Zugang zu Energie als auch auf die Auswirkungen von Energiegewinnung unter dem Gesichtspunkt der Monetarisierung und Internalisierung von Kosten zu bewerten". (WDM 2014)

Wie der Umweltgerechtigkeitsansatz umfasst der Energiegerechtigkeitsansatz soziologische und sozioökonomische Aspekte. Er impliziert damit gleichermaßen die Aspekte von Teilhabe und Verteilung sowie Zugang zu ökonomischen und natürlichen Ressourcen. Letzteres auch unter globalen Gesichtspunkten. Die dabei auftretenden Probleme sind auf das Engste mit Fragen der Wohlfahrt und Gesundheit im Sinne von *Public Health*[6] verknüpft. Zugang und sozio-ökonomisch bedingte Teilhabe von Menschen an Energie sind nicht nur in den Ländern der sogenannten Dritten Welt ein ernsthaftes Problem, sondern auch in modernen Industriestaaten (vgl. Abb. 2.2). Grund für den fehlenden Zugang ist in den meisten Fällen nicht ein absoluter Mangel an Energie, sondern ein Mangel an technischer Infrastruktur zur Versorgung der Haushalte, mangelnder baulicher Zustand der Wohnung und ökonomische Zwänge. Das betrifft auch Industrieländer in Westeuropa, allerdings sind hier die ökonomisch schwachen Bevölkerungsgruppen maßgeblich betroffen. Vor diesem Hintergrund ist aus der weltweit bestehenden Energiearmut infolge fehlender Energieinfrastruktur, Energieungerechtigkeit abzuleiten (WDM 2014).

---

[6]*Public Health:* Öffentliche Gesundheitsvorsorge.

▶ Derzeit existiert keine einheitliche Definition oder Debatte zum Begriff Energiegerechtigkeit, sodass der Begriff von verschiedenen Akteuren mit unterschiedlichen Bedeutungen unterlegt wird. Der am meisten verwendete Begriff für den sozioökonomisch bedingten Mangel an Energie ist Energiearmut. Insofern können die Begriffe Energiearmut, Energiegerechtigkeit und Energiedemokratie als ein Bestandteil von Umweltgerechtigkeit angesehen werden, insbesondere, wenn von einem ganzheitlichen Umweltbegriff ausgegangen wird.

Sozioökonomie und Energiegerechtigkeit – eine Einführung

„Sozioökonomie behandelt aktuelle gesellschaftliche Schlüsselthemen wie Ungleichheit beim Zugang zu Energie, zum Zusammenhang von Energie und Wohnen und bindet durch einen pluralen wissenschaftlichen Ansatz Globalisierung, Wirtschafts- und Finanzkrisen sowie den anthropogenen Klimawandel ein". (Maurer 2018)

Obwohl derzeit keine einheitliche Definition oder Debatte zum Begriff Energiegerechtigkeit existiert oder stattfindet, wird der Begriff von allen Akteuren an sozioökonomischen Bedingungen festgemacht. Die alleinige Reduktion auf das Einkommen der Menschen reicht allerdings nicht, um die Entwicklung von Energiearmut infolge von ökonomisch bedingter defizitärer Teilhabe an Energie zu beschreiben. Energiegerechtigkeit muss in Anlehnung an den Begriff der Umweltgerechtigkeit sowohl die Auswirkungen der Energiegewinnung unter den Gesichtspunkten von Internalisierung[7] von Kosten, von Zugang und von Teilhabe an Energie verstanden und angewandt werden. Betrachtet man aus sozialräumlicher Sicht die monetären Elemente Mietentgelt und Energie wird deutlich, dass ein unmittelbarer Zusammenhang besteht. Wohnung und Wohnungsqualität stellen somit einen Baustein im Gefüge von Umwelt- und Energiegerechtigkeit dar. Der Bedarf an Energie, die für den Unterhalt eines Haushalts benötigt wird – die sogenannte *haushaltsbezogene Energie* (engl. *energy purchased by households*) – umfasst die Nutzung elektrischer Energie, Gas oder Öl für Wärme bzw. Tätigkeiten im Haushalt. Verfügt z. B. eine Wohnung über eine

---

[7]Internalisierung: Internalisierte Kosten sind Kosten, die nicht betriebswirtschaftlich begründet sind, sondern von Entscheidungsträgern für das Allgemeinwohl getragen bzw. berücksichtigt werden.

unzureichende Wärmedämmung, wird zwangsläufig mehr Energie für Wärmeenergie wie Heizung und ggf. für Warmwasser benötigt. Im Kontext von sozialräumlichen Bedingungen und Kosten für Energie kann leicht festgestellt
werden, dass die Energienutzung mit der baulichen Qualität einer Wohnung,
eines Wohnhauses oder eines ganzen Quartiers im Zusammenhang steht.
Schlechte Bausubstanz führt somit zu einer erhöhten Energienutzung, die ihrerseits wiederum zu einer erheblichen monetären Belastung von einkommensschwachen Bewohnern führt. Darüber hinaus wirken diese Effekte nicht nur
intrinsisch sondern auch extrinsisch[8]. Für die Erfassung und Bewertung dieser
Zusammenhänge wurde für die Länder der europäischen Union ein Indikator –
Europäischer-Energie-Armuts-Index (EEPI) – entwickelt. Er stellt einen
Indikator aus Haushaltsenergiearmut und Energienutzung infolge von Teilhabe
im Verkehrsbereich (engl. *energy purchased by transport*), wie Energiekosten für
Fahrten zur Arbeit und weiteren, dar.

> Der EEPI ist ein zusammengesetzter Indikator aus Energiearmut
> für den Haushalt (engl. *domestic energy poverty*) und der Energie-
> nutzung durch Teilhabe an Mobilität (engl. *transport energy
> poverty*). Er dient der Bewertung von Energiearmut und deren
> Tendenz in den jeweiligen Ländern der Europäischen Union.

Darüber hinaus werden mithilfe des EEPI die erreichten Fortschritte der Mitglied-
staaten bei der Reduzierung der Energiearmut auf nationaler Ebene bewertet und
noch bestehende Defizite aufgezeigt (vgl. Abb. 2.3). Mit ihm können wesentliche
Auskünfte über den Zusammenhang von notwendigen monetärem Aufwand und
Einkommen von Bewohnern für Energienutzung gegeben werden.
   Da in aller Regel das jeweilig verfügbare Budget fix ist, ist leicht festzu-
stellen: Wenn an einer Stelle mehr Geld ausgegeben werden muss, fehlt es
anderer Stelle. Die Abgabe von Wärmeenergie z. B. aus Gebäuden mit schlechter
oder unzureichender Wärmedämmung ist neben ihrer globalen Klimarelevanz
infolge des provozierten höheren Ausstoßes an klimarelevanten Gasen auch von
stadtklimatischer Relevanz[9]. In dieses Geflecht bindet sich zudem der Energieaufwand für notwendige Transportwege (engl. *transport energy*) ein. Größere
Wohnquartiere mit hohem Versiegelungsgrad und hohem haushaltbezogenem
Energieaufwand tragen maßgeblich zum globalen und lokalen Klimawandel bei.

---

[8]Zur Vertiefung wird auf Grafe Umweltgerechtigkeit (2020) verwiesen.
[9]Zur Vertiefung wird auf Grafe Umweltgerechtigkeit (2020) verwiesen.

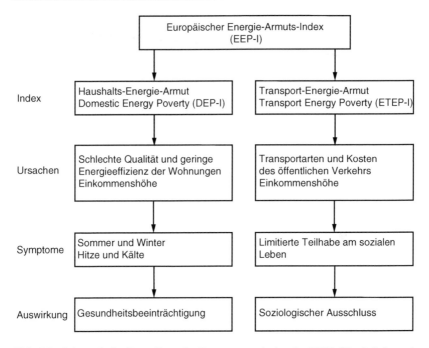

Abb. 2.3 Schematische Darstellung des Bewertungsprinzips des EEIP. (Vereinfacht nach EU 2019)

Als Wärmequellen beeinträchtigen sie sowohl das globale Klima als auch stadt-klimatische Verhältnisse Das bedeutet im Umkehrschluss: Verschlechterung des human-biometeorologischen[10] Klimas und damit eine Gesundheitsbelastung derer, die dort wohnen. Wird der Bereich der Wärmeversorgung betrachtet, muss der Energieaufwand für das Warmhalten, aber auch für das Kalthalten von Wohnungen berücksichtigt werden. Physikalisch handelt es sich immer um Wärme – eben um mehr oder weniger Wärme. Weniger Wärme ist demnach Kälte. Besonders die südeuropäischen Länder sind von dieser Problematik betroffen (EU 2019). Ihr Energiebedarf ist insbesondere in den Sommermonaten groß, da Energie für Kühlung von Wohn- und Arbeitsräumen notwendig wird. Vor

---

[10]Human-biometereologisches Klima: Stadtklima von Gesundheitsrelevanz.

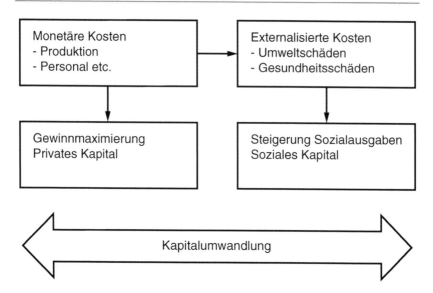

Abb. 2.4 Darstellung des Zusammenhangs monetärer und externalisierter Kosteneffekte

diesem Hintergrund ist auch der Umweltgerechtigkeitsansatz, der die Gesundheitsrelevanz priorisiert, für die Bewertung von Energiearmut bzw. Energiegerechtigkeit heranzuziehen. Darüber hinaus ist die Erzeugung von jedweder Energie für die Nutzung mit gesundheitsrelevanten Effekten verbunden (Friedrich und Krewin 1979). Zu den bei der Energieerzeugung entstehenden externen Kosten zählen auch die Aufwendungen für die Erhaltung bzw. Wiederherstellung der Gesundheit von Menschen, die durch Energieerzeugung – entsprechend dem Vulnerabilitätsprinzip[11] – erkrankt sind (vgl. Abb. 2.4). Hilfe für eine Bewertung dieser komplexen Mechanismen wird von der Umweltökonomie angeboten, die sich mit Monetarisierung[12] und Internalisierung externer Effekte beschäftigt.

---

[11]Vulnerabilität: Verwundbarkeit, Verletzbarkeit, Gesundheitsbeeinträchtigung.

[12]Monetarisierung: Zumessung eines Geldwertes für eine Sache, Tätigkeit oder einer Begebenheit im Sinne von Auswirkung.

▶ Internalisierung ist die Einbeziehung sozialer Zusatzkosten/-nutzen, die durch externe Effekte, auch Externalitäten genannt, verursacht werden. Sie gehören in das Wirtschaftlichkeitskalkül des Verursachers dieser Kosten. Im Kontext von Energie und Wohnen sind das vor allem Kosten für Gesundheitsaufwendungen infolge von Gesundheitsbelastungen im Zusammenhang mit Energie-versorgung, aber auch sozial induzierte Kosten für Einkommensschwache, wie Zuschüsse z. B. aus den Sozialkassen für Transfergelder (Gabler 2018).

Im Wesentlichen geht es darum, die Zahlungsbereitschaft für entstandene und entstehende Umwelt- und Gesundheitsschäden einzufordern. Als Beispiel sei an dieser Stelle die Möglichkeit der Ermittlung einer verursacherbezogenen monetären Aufwendung bzw. Zuwendung zu benennen (Friedrich und Krewin 1979). Externe Effekte, die der Internalisierung zuzurechnen sind, sind im Zusammenhang mit Wohnqualität vor allem Emissionen von Schadstoffen und Lärmbelastung aus dem Straßenverkehr oder anderen Belastungsquellen. Auch diese erzeugen hohe Kosten für das Gesundheitssystem und beeinflussen die Lebensqualität der Menschen in Ballungszentren, wobei die Einkommensschwachen am stärksten belastet sind Abschn. 3.2. Darüber hinaus begrenzen die vom Verkehr beanspruchten Flächen die Möglichkeiten alternativer Nutzungen, wie für Erholungs- und Freizeitaktivitäten. Die Frage des Umgangs mit Kosten, die als soziale Zusatzkosten d. h. durch Internalisierung entstehen, ist nach wie vor nicht geregelt. Als Beispiel sei angeführt, dass die Frage, wer die externalisierten Kosten für eine energieeffiziente Sanierung bezahlt, letztendlich aus der Sicht des Sozialstaates beantwortet werden muss. Das Einspeisen von Transferleistungen an die Betroffenen Bewohner löst das Problem nicht Abschn. 4.2. Das bedeutet, es muss geklärt werden, welche Rolle Kostenverursacher und Kostennutzer dabei spielen – insbesondere was die Kostenverantwortlichkeit angeht.

2.4   Energiearmut und Wohnen in Europa – eine Auswahl

Energiegerechtigkeit und Energiearmut im Kontext mit Wohnen – allgemeine Situationsbeschreibung

„Bis zu 80 Millionen Menschen leben in feuchten und schlecht gedämmten Wohnungen. Mit der Umsetzung eines Bauprogramms, das sowohl Neubau als auch Sanierung von Altbauwohnungen beinhaltet, kann dieser Zustand verbessert werden. Gleichzeitig bietet solch ein Programm die Förderung von Beschäftigung und Wettbewerbsfähigkeit. Durch eine Verbesserung der Energieeffizienz von Wohnungen um ein Prozent können drei Millionen Häuser ordnungsgemäß renoviert werden. Gleichzeitig würden dadurch Sieben Millionen Menschen von Energiearmut befreit, weil sie nicht mehr durch den baulichen Zustand ihrer Wohnungen einen überhöhten Energiebedarf haben. Das bedeutet vor allem, dass Energiearmut strukturelle Lösungen institutioneller Art bedarf und nicht individueller Bemühungen". (EU 2019, eigene Übersetzung)

Sozialräumliche Strukturen in Siedlungs- und Stadtquartieren sind durch gesellschaftliche Entscheidungen und Entwicklungen entstanden. Sie haben einen historischen Hintergrund, der sie über die unterschiedlichen Zeiträume begleitet und das auch, wenn sie sich im Laufe der Zeit sowohl in ihrer soziologischen als auch ökonomischen Funktion ändern und geändert haben. Zu diesen räumlichen Entwicklungen zählen unter anderen reine Wohnbebauungen, Mischgebiete mit Gewerbe und Wohnungsbebauung, Industriegebiete mit Industriebauten, Flurzuordnungen und Verkehrsinfrastrukturen, Grünanlagen, Grünzüge und weitere. Die in der Vergangenheit entstandenen großräumigen Sozialräume wurden vor allem unter dem Aspekt der Funktionalität und ihrer baulichen Struktur betrachtet (Mitscherlich 1965). Soziologische Aspekte wurden eher nicht einbezogen. Dieser Umstand prägte vor allem die sich entwickelten Sozialstrukturen in Großraumsiedlungen. Da für den jeweiligen Sozialraum die Sozialstruktur seiner Bewohner eine entscheidende Rolle spielt, spiegelt die Sozialstruktur ihrerseits die jeweils vorherrschende Gesellschaftsgruppierung und deren ökonomische Schichtung wieder. Prinzipiell muss bei der Betrachtung von Sozialräumen in ländlichen und in städtischen Raum unterschieden werden. Beide Räume unterscheiden sich nicht nur in ihrer räumlichen Ausdehnung, sondern vor allem in ihrer sozialen inkl. ihrer demografischen Zusammensetzung Abschn. 3.1. Mehrheitlich sind die Menschen im ländlichen Raum durch eine stärkere Verwurzelung im Gemeinwesen geprägt, als die im städtischen oder gar großstädtischen Raum. Dabei spielen auch Eigentumsverhältnisse an Grund und Boden und die jeweiligen Arbeitsumwelten[13] eine Rolle. Während der ländliche Raum einen erhöhten Aufwand für die Transportenergie infolge der Mobilitätsanforderungen provoziert, ist im städtischen Raum mehrheitlich ein Mehrbedarf an Energie für das Wohnen vonnöten. Betrachtet man die demografische Struktur im ländlichen Bereich, liegt das durchschnittliche Lebensalter deutlich höher als das im städtischen, was auch darauf zurückzuführen ist, dass jüngere Menschen in die Städte ziehen – auch der Ausbildung wegen. Der monetäre Aufwand für Wohnen und Energie ist jedoch für beide Sozialräume annähernd gleich, wenngleich die Art der Energienutzung stark differiert. Im ländlichen Raum werden neben den traditionellen fossilen Energieträgern inkl. Holz zunehmend alternative Energieträger wie Sonnenenergie, Biomasse und Windenergie genutzt. Die Nutzung von Elektroenergie ist in beiden Räumen dominant, allerdings kann deren Ursprung unterschiedlich sein. Der ländliche Raum bietet aufgrund seiner Strukturierung und häufig kleinräumigen Siedlungen gute Möglichkeiten sowohl für alternative als auch für die herkömmliche Energienutzung. So ist vor allem die kleinräumige Energiegewinnung aus Biomasse inkl. Holz, die Nutzung von Sonnen- und von Windenergie im ländlichen Raum vertreten. Auch die Speicherung von alternativ gewonnener Energie ist im ländlichen Raum kleinräumig möglich. Oft betreiben ganze Dorfgemeinschaften Solarfelder, deren Strom vom Dorf selbst genutzt und darüber hinaus in überregionale Netze eingespeist wird (Hutsteiner 2018). Anders sieht der Zugang zur Energie im städtischen Raum, insbesondere in Großsiedlungen aus, der mehrheitlich über Fernheizung und Fernwärme versorgt werden. Die Abwägung, welche Art der Energiegewinnung und Bereitstellung für welche Siedlungsgebiete optimal sind, wird weitgehend vom Zugang, d. h. vom jeweiligen Anbieter bestimmt. Wobei es für Bewohner einer Großsiedlung nicht unbedingt von Bedeutung ist, welche Energieträger für die Bereitstellung der Elektro- bzw. Wärmeenergie verwendet wurden.

Energiekosten und Einkommen – eine Quelle von Armut

„Der Anteil der Energiekosten am Gesamteinkommen ist bei einkommensschwachen Haushalten zwangläufig höher als bei einkommensstarken Haushalten. Eine Studie, die von der OECD (OECD = *Organisation for Economic Co-operation and Development*) in 20 verschiedenen Ländern durchgeführt wurde, zeigt, dass ein großer Teil der Bürger dieser Länder sich elektrischen Strom, Heizöl und Erdgas nicht auskömmlich leisten können". (Flues und Dender 2017)

---

[13]Zur Vertiefung wird auf Grafe Umweltgerechtigkeit (2020) verwiesen.

Wohnen und Energie sind weitgehend sozioökonomisch dominiert. In Wohnungen und Wohnquartieren, die sowohl städtebauliche als auch funktionale Defizite aufweisen, leben mehrheitlich einkommensschwache Bevölkerungsgruppen. Diese Wohnungsbestände weisen meist hohe Instandsetzungs- bzw. Modernisierungsbedarfe und Leerstände auf. Häufig entsprechen sie nicht mehr den heutigen Anforderungen und Bedarfen oder weisen erhebliche bauliche Mängel auf. Zusätzlich kommt es durch ihre stadträumliche Lage – vielbefahrene Straßen, Autobahnnähe oder Schienenverkehrs- und Flugplatznähe – zu Umweltbelastungen, welche die Lebensqualität ihrer Bewohner beeinflussen und damit Gesundheitsrisiken provozieren.

▶   Niedrige Einkommen und hohe Preise für Energie gepaart mit einem hohen Mietentgelt ist für viele Haushalte ein Problem. Das zeigen vor allem die Zahlen, die sich darauf beziehen, wie viel Haushalte in einem Jahr nicht mehr mit elektrischem Strom, Gas bzw. Öl versorgt werden, weil die Energierechnung nicht bezahlt wird oder werden kann.

Das Problem Energiearmut besteht aber nicht nur in wirtschaftlich schwachen Ländern, sondern auch in Ländern mit einer relativ starken Wirtschaftskraft wie Deutschland oder Österreich, wobei das Problem Energiekosten und Armut in den Ländern der europäischen Union unterschiedlich fakturiert ist. Dabei spielen die Art der Energieversorgung aufgrund von länderspezifischen Versorgungssystemen für Energie, der Anteil der Art der verwendeten Energieträger für die Energiegewinnung, Export und Import von Energie und die staatspolitische Organisation der jeweiligen Länder eine Rolle. Als Beispiele seien in diesem Zusammenhang Deutschland und Frankreich herangezogen: Während in Frankreich die Energieversorgung in staatlicher Hand ist, erfolgt diese in Deutschland zu einem großen Teil von privaten Anbietern bzw. Versorgern. Beide Länder importieren und exportieren Energie, beide setzen fossile Energieträger, Kernenergie und alternative Energieträger für die Versorgung ein. Der Unterschied in der wirtschaftsbezogenen Energieversorgung macht auch die unterschiedliche Verantwortung für die Energieversorgung aus. In fast allen Ländern der Europäischen Union besteht das Dilemma der Energieversorgung für sozioökonomisch schwache Bevölkerungsgruppen in der teilprivatwirtschaftlich bzw. der privatwirtschaftlich organisierten Energieversorgung.

Sozioökonomie und Energiearmut in Europa – Beispiel Großbritannien

„Aus Sicht der britischen Regierung führen drei Faktoren zu Energiearmut – Energie(in)effizienz der Wohnung oder des Hauses, Energiepreise
und Einkommensverhältnisse. Zur Bekämpfung von Energiearmut werden
Präventionsmaßnahmen mit Hilfe von Förderprogrammen durchgeführt, die der
energieeffizienten Ertüchtigung von Wohnbauten dienen. Dabei liegt Fokus auf der
Verbesserung des Raumwärmebedarfs". (Kopatz et al. 2010)

In Großbritannien wird für den ungerechten Zugang zur Energieversorgung der
Begriff Energiearmut benutzt. Das auch vor dem Hintergrund, dass der Zugang
zu ausreichender Energie für Menschen mit geringem Einkommen häufig nicht
gegeben ist. Im Jahr 2012 war nach Regierungsangaben fast jeder zehnte Haushalt in Großbritannien von Energiearmut betroffen. Das bedeutet, dass jeder
zehnte Haushalt nicht ausreichend mit Energie versorgt wurde oder werden
konnte. Für westeuropäische Verhältnisse ist das ein absoluter Spitzenwert (OFPA
2014). Energiearmut fordert einen Gerechtigkeitsansatz, der den Zugang zu
Energie bzw. der Energieversorgung festschreibt. Energiegerechtigkeit wird in
Großbritannien als Gegenentwurf zu Energiearmut gesehen. So wie in anderen
westeuropäischen Ländern geht es um die Versorgung mit Energie und damit
um den sicheren Zugang zu Energie für einkommensschwache Bevölkerungs-
gruppen. Dabei geht es vordergründig darum, armen Haushalten den notwendigen
Zugang zu Energie in der kalten Jahreszeit zu ermöglichen. Das betraf vor allem
einkommensschwache Haushalte im Norden Großbritanniens (Sovacool 2013).
Die Gefahr der gesundheitlichen Beeinträchtigung infolge unzureichender
Energieversorgung, insbesondere von Wärmeenergie, wurde im Norden des
Landes besonders deutlich (Petrova et al. 2013). Die Argumentationslinie, dass
Energieungerechtigkeit bzw. Energiearmut auch Energievulnerabilität[14] für die
Betroffenen bedeutet, führte auch im politischen Sektor zu erhöhter Aufmerk-
samkeit (Bouzarosvski et al. 2013). Zwischenzeitlich sind in Großbritannien
Energiearmut wie auch Umweltgerechtigkeit etablierte politische Themen. So
wurde ausgehend von Forschungen in den 1980er Jahren und als Resultat sozialer
Bewegungen begonnen, eine öffentliche Statistik über Energiearmut zu führen
(Boardman 2010). Im Ergebnis der Auswertung dieser Statistik hat die britische
Regierung Haushalte, die mehr als 10 % ihres Einkommens für Energie aus-
geben müssen, um einen angemessenen Wärmestandard aufrecht zu erhalten, als

---

[14]Vulnerabilität: Verwundbarkeit, gesundheitliche Beeinträchtigung.

energiearm definiert. Das schließt auch Kochen, Beleuchtung und die Nutzung von elektrischen Geräten im Haushalt ein. Dieser 10-Prozentanteil für die Energiekosten ist als „*Low Income – High Costs*- Indikator"[15] benannt (EU FPN 2014).

> Der 10-Prozentanteil des Haushaltseinkommens für die auf-
> zuwendenden Kosten für Energie wird als EU-FPN Indikator
> unter der Bezeichnung „*Low Income-High Costs-Indicator* Costs-
> Indicator" geführt und in den Ländern der Europäischen Union dafür
> genutzt, die Wirksamkeit von Maßnahmen für die Reduzierung von
> Energiearmut und deren Trend abzubilden.

Danach werden Haushalte, deren Energiekosten über dem nationalen Mittelwert liegen und deren Einkommen nach Abzug der Ausgaben für Energie unter der offiziellen Armutsgrenze liegt, als von Energiearmut betroffen, eingestuft (UK 2014).

Sozioökonomie und Energiearmut in Europa – Beispiel Frankreich

„Der Zugang zu Energie ist in Frankreich als eine Art Grundrecht geregelt. Im Jahr 2000 wurde ein „Recht auf Energie" geschaffen. Eine Ursache dafür waren steigende Energiepreise, die von vielen Haushalten nicht mehr im vollen Umfange aufgebracht werden konnten. Es wurde erkannt, dass die steigenden Energiepreise insbesondere für einkommensschwache Haushalte maßgeblich infolge von dysfunktionaler Wohnbebauung abhängig ist". (Strünk 2017a)

In Frankreich wird der Begriff der Energiearmut (frz. *pauvreté énergétique*) für Haushalte benutzt, die aufgrund ihrer sozioökonomischen Situation ungenügenden Zugang zur Energieversorgung haben und somit nicht auskömmlich versorgt werden können. Von der französischen Regierung wurde analog zur Regierung Großbritanniens Energiearmut inzwischen in verschiedenen Gesetzesvorlagen verankert. So entstand in 2000 ein sogenanntes Recht auf Energie (frz. *droit à l'énergie*). Mit 2010 wurde der Begriff der Energiearmut auch in umzusetzende Gesetzesvorschriften aufgenommen und damit im politischen Raum etabliert (Dubois 2012). Die Energiearmut ist in Frankreich, ähnlich wie in anderen Ländern, lange Zeit als die alleinige Folge klassischer Einkommensarmut

---

[15]Indikator: *Low Income–High Costs* (dtsch. Geringes Einkommen – hohe Kosten).

angesehen worden. Entsprechend haben die sozialen Sicherungssysteme mit Hilfe von Transferzahlungen dafür gesorgt, dass einkommensschwache Haushalte ihre Energierechnungen bezahlen können. Wie in Großbritannien wird in Frankreich bislang auch die 10-%-Regel verwendet, wonach Haushalte als energiearm gelten, die mehr als zehn Prozent ihres verfügbaren Einkommens für Energie ausgeben müssen. Mit der Erkenntnis, dass die Wohnraumsituation von einkommensschwachen Bevölkerungsgruppen maßgeblich dazu beiträgt, dass es zu einem erhöhten Mehraufwand für Energie kommt, wurden in der Zwischenzeit Einkommens-/Ausgaben-Indikatoren entwickelt, die eine Bewertung der baulichen Substanz im Geflecht von Energieaufwand und Energienutzung beinhalten. Dies auch vor dem Hintergrund geschehen, dass ein Drittel des Wohnungsbestandes in Frankreich eine sehr schlechte Energieeffizienz aufweist. Die meisten der energie(in)effizienten Wohnungen liegen im Norden des Landes. Um diese Zustände zu verbessern, hat die französische Regierung das Programm „Habiteu mieux"[16] auf den Weg gebracht. Es verfolgt in Teilen ähnliche Ziele wie das in Deutschland aufgelegte Programm „Soziale Stadt"[17]. Der Unterschied des französischen zum deutschen Programm besteht im Wesentlichen darin, das fast ausschließlich eine umfassende finanzielle Unterstützung für Sanierungsarbeiten, die geeignet sind die Energieeffizienz in betroffenen Gebäudebeständen zu verbessern, zur Verfügung gestellt wird Abschn. 3.2. Zwischenzeitlich haben die im Rahmen des Programms umgesetzten Maßnahmen zu spürbaren Verbesserungen für die Bewohner geführt. Die Hälfte der betroffenen Haushalte, die am Programm teilnahmen, konnten Einsparungen erzielen. Über zwei Drittel der teilgenommenen Haushalte gab z. B. an, im Winter nicht mehr in der Wohnung zu frieren (Schumacher et al. 2015).

Sozioökonomie und Energiearmut in Europa – Beispiel Österreich

„Ein beträchtlicher Teil der armen und armutsgefährdeten Bevölkerung hat zumindest phasenweise mit Energieproblemen zu kämpfen. Im Jahr 2008 lebten mehr als eine Million Menschen in armutsgefährdeten Haushalten. Die Armutsgefährdungsquote lag bei 12,4 Prozent. Sechs Prozent der Bevölkerung lebte in manifester Armut, d. h. unter Bedingungen, wo niedriges Einkommen und niedriger Lebensstandard zusammen kommen". (Statistik Austria 2009)

---

[16]*Habiteu mieux:* Programm der französischen Regierung zur Verbesserung der Wohnungs- und Wohnqualität zur Verminderung der Energiearmut.

[17]Soziale Stadt: Programm der Bundesregierung zur Verbesserung der sozialräumlichen Situation.

In Österreich müssen einkommensschwache Haushalte einen überproportionalen Anteil ihres Haushaltseinkommens für Wohnen inkl. Energie aufbringen. Sie werden als armutsgefährdet eingestuft. Für 32 % aller Menschen, die unterhalb der Armutsgefährdungsschwelle Einkommen beziehen, stellen diese Kosten eine hohe finanzielle Belastung dar. Fast 70 % der Einkommensschwachen geben mehr als ein Viertel ihres Einkommens fürs Wohnen aus (EU-SILC 2012). Darüber hinaus sind im Zeitraum von 2000 bis 2011 die Mieten auf dem privaten Sektor um 38,5 % gestiegen. Im Vergleich dazu lagen die Bruttolohnerhöhungen bei 26 % gleichauf mit der allgemeinen Teuerungsrate von 25 %. Das bedeutet, dass die Mieten um fast ein Drittel stärker gestiegen sind, als die Bruttoarbeits-löhne und die Teuerungsrate. Sechs Prozent aller Haushalte bezogen bereits 2010 Wohnbeihilfen – Tendenz steigend (Kunnert und Baumgartner 2012). In 2012 wurden 85.000 Räumungsverfahren eingeleitet und davon 11.000 durchgeführt, weil das Mietentgelt nicht aufgebracht werden konnte. In 2014 waren es 10.333 durchgeführte Räumungen (BAWO 2015; Armutskonferenz 2015). Für viele von Armut betroffene Haushalte ist ihre Wohnsituation durch geringe Wohn-fläche und schlechte Wohnungs- bzw. schlechte Wohnqualität gepaart mit hohen Mietkosten und Mietschulden gekennzeichnet. 263.000 Menschen in Österreich konnten in 2012 ihre Wohnung nicht ausreichend warm halten (EU SILC 2012). Jährlich sind Schätzungen zufolge 60.000 Haushalte in Österreich von Strom- oder Gasabschaltungen betroffen (AK 2011). Ähnlich wie in Frankreich und Großbritannien basiert Energiearmut in Österreich auch auf dem Geflecht von energie(in)effizientem Wohnraum und steigenden Energiepreisen. Darüber hinaus provozieren Wohnungs- und Energiearmut zusätzlich Gesundheitsschädigungen z. B. infolge von Feuchte, die durch schlechte Isolierung sowohl aus dem Boden als auch über die Gebäudehülle, Fenster und Türen eindringen kann (Bornehag et al. 2001). Aber auch Schadstoffe im Innenraum (*Indoor*-Belastungen) stellen, sowohl im Wohnraum als auch im Arbeitsraum, starke gesundheitliche Beein-trächtigungen der Bewohner bzw. Nutzer dar, welche sich vor allem in der Ent-wicklung von kognitiven Fähigkeiten bei Kindern zeigen (EU-SILC 2012).

Sozioökonomie und Energiearmut in Europa – Beispiel Deutschland

„Mit dem Anstieg der Energiepreise ist in Deutschland eine Debatte über Sozial-tarife, die für einkommensschwache Haushalte vorgehalten werden sollen, ent-standen. Zur Diskussion stehen Modelle für Transferzahlungen, wie sie bereits in Belgien oder Frankreich angewendet werden, und ein Energiesockel, der von den Energieversorgern für einkommensschwache Haushalte kostenfrei angeboten werden soll". (Kopatz et al. 2010)

Obwohl Deutschland mit zu den wirtschaftlich starken Ländern Europas zählt, darüber hinaus ein anerkannt gutes Sozial- und Gesundheitswesen hat, spielt auch hier die sozioökonomische und baustrukturbedingte Energiearmut eine Rolle. Ende September 2019 lebten in Deutschland 83,1 Mio. Menschen (Destatis 2019). Der Anteil der Bevölkerung in deutschen Städten betrug 2017 bereits 77,3 % – Tendenz steigend (Rudnicka 2018). Der deutsche Durchschnittshaushalt wird mit 2,01 Personen angesetzt, das entspricht pro Einwohner 46,5 qm (Destatis 2019). Ein Durchschnittshaushalt nutzt demnach ca. 93,5 qm und er verbraucht 3216 kWh an elektrischen Strom und nutzt etwa 12.477 kWh für Raumwärme, das entspricht im Wesentlichen der Energie für Wohnen (engl. *domestic energy*). Dazu kommen durchschnittlich 1128,68 L Kraftstoff (engl. *transport nergy*) (CO_2-Abgabe e. V. 2019). Wie in Großbritannien, Frankreich und Österreich sind auch Haushalte in Deutschland davon betroffen, dass die Energieversorgung, meist elektrischer Strom und Gas, von den Energieversorgungsunternehmen abgeschaltet wird, weil die Energierechnungen nicht bezahlt werden können. In 2014 waren davon 351.802 Haushalte betroffen und 2016 belief sich die Zahl auf 328.000[18] (Heindl und Löschel 2016). Häufig werden im Rahmen eines Mahnverfahrens die Rechnungen trotzdem noch bezahlt. Es ist davon auszugehen, dass von den Haushalten alternative Mittel und Wege gefunden werden, das erforderliche Entgelt doch noch aufzubringen – eine anderweitige Neuverschuldung ist somit nicht auszuschließen. Das Aussetzen von Zahlungen für den Energieverbrauch ist mit großer Sicherheit fast immer an die individuellen sozioökonomischen Bedingungen geknüpft ist.

▶   Mahnverfahren für das Energieentgelt werden als ein wichtiger Indikator für die Beurteilung einer sozialräumlichen Entwicklung herangezogen, weil davon auszugehen ist, dass sozioökonomische Verhältnisse in direktem Bezug zu sozialräumlichen Bedingungen stehen.

In Abb. 2.5 sind die absoluten Energiekosten bei einkommensschwachen Haushalten in Deutschland mit Stand 2015 ersichtlich.

Wie in Großbritannien, Frankreich, Österreich und anderen europäischen Ländern werden mit Hilfe von staatlichen Geldern einkommensschwache Haushalte mit Hilfe von Sozialleistungen in Form von Transfergeldern unterstützt. Mit

---

[18]Die Zahlen beziehen sich auf die Abschaltung des elektrischen Stroms nach einem Mahnverfahren abgeschlossenen Mahnverfahren.

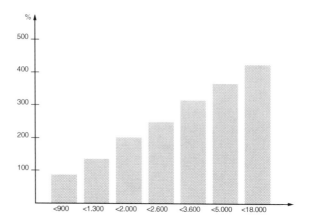

Abb. 2.5 Absolute Energiekosten bei einkommensschwachen Haushalten in Deutschland – Stand 2015. (Entnommen aus CO_2-Abgabe 2019)

dem SGB II § 22 (SGB = Sozialgesetzbuch) ist in Deutschland gewährleistet, dass für einkommensschwache Haushalte Miete und die Heizung in Höhe des tatsächlichen Aufwandes anerkannt und vom Staat übernommen werden. Im Gegensatz dazu müssen die sogenannten Hartz-IV-Empfänger[19] gem. SGB II § 20, 23 die Rechnung für den verbrauchten Strom nach einem sogenannten Regelsatz, dessen Höhe vom Personenstand im Haushalt abhängig ist, selbst bezahlen. Für viele Empfänger von Hartz-IV ist das ein finanzielles Problem. Das bedeutet im Umkehrschluss, dass selbst innerhalb der Gruppe der Einkommensschwachen in Deutschland differenziert wird – ein Paradebeispiel für Umwelt- und Energie(un)-gerechtigkeit, das sich auch im Problemkomplex Energiearmut widerspiegelt (CO_2-Abgabe e. V. 2019). Ökonomische Problemlagen dominieren aber nicht nur steigende Energiepreise, sondern auch die Mietpreise (vgl. Abb. 2.6). Das bedeutet, dass die Bevölkerungsgruppen, die nicht über Wohneigentum verfügen, eine zusätzliche Belastung infolge der Summation von Energie- und Mietkosten erleben.

---

[19]Hartz-IV-Regelsatz: Die Höhe des Regelbedarfs folgt aus § 20 Abs. 2 bis 4 SGB II und § 23 SGB II in Verbindung mit dem Regelbedarfs-Ermittlungsgesetz. Die Regelbedarfe werden jährlich für die einzelnen Mitglieder der Bedarfsgemeinschaft auf Basis der durchschnittlichen Entwicklung der Preise für regelbedarfsrelevante Güter und Dienstleistungen sowie der Entwicklung der Nettolöhne ermittelt. Sie werden im Bundesgesetzblatt veröffentlicht.

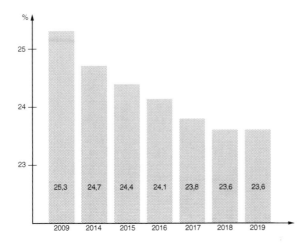

Abb. 2.6 Entwicklung von Mietentgelt und Energiekosten in Deutschland im Zeitraum von 2009 bis 2019 (Statista 2019)

Die Mehrheit der städtischen Bevölkerung besitzt kein Wohneigentum. In Deutschland gab es im Jahr 2015 rund 40,8 Mio. Privathaushalte. Den häufigsten Haushaltstyp stellten die Alleinlebenden, die sogenannten Ein-Personen-Haushalte mit einem Anteil von ca. 41 %. Die meisten davon wohnen zur Miete. Mit rund 57 % gilt dies ebenso für die Mehrheit der Deutschen insgesamt. Diese Haushalte müssen durchschnittlich etwas mehr als ein Viertel ihrer Nettoeinkommen für Mietzahlungen aufbringen (vgl. Abb. 2.7). Für Ein-Personen-Haushalte liegt die Mietbelastungsquote bei knapp 30 %. Insgesamt lag der Anteil der Wohnkosten[20] der privaten Haushalte in Deutschland am gesamten verfügbaren Haushaltseinkommen im Jahr 2015 bei etwa 27,5 %. Die Quote der Überlastung[21] durch Wohnkosten belief sich im selben Jahr auf ca. 16 %. In dichtbesiedelten Gebieten Deutschlands waren sogar etwa 19 % der privaten Haushalte durch Wohnkosten überlastet (Statista 2019).

---

[20]Wohnkosten: Ausgaben für Wohnen, Energie und Wohnungsinstandhaltung.

[21]Wohnkostenüberlastung: Die Quote der Überbelastung durch Wohnkosten entspricht dem in privaten Haushalten lebenden prozentualen Anteil der Bevölkerung, bei dem die Wohnkosten insgesamt (abzüglich Wohnungsbeihilfen) sich auf mehr als 40 % des verfügbaren Nettoeinkommens (abzüglich Wohnungsbeihilfen) belaufen.

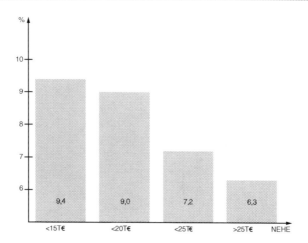

Abb. 2.7 Anteil der Energiekosten einkommensschwacher Haushalte in Deutschland bezogen auf das Nettohaushaltseinkommen (NEHE). (Entnommen aus CO_2-Abgabe 2019)

Vor allem um Mietkosten zu sparen, bevorzugen viele erwachsene Deutsche, besonders in Großstädten mit einem hohen Mietindex, Wohngemeinschaften. Rund 4,46 Mio. Bundesbürger wohnen derzeit in einer Wohngemeinschaft (WG). Etwa 1,51 Mio. dieser WG-Bewohner sind zwischen 20 und 29 Jahren alt. Dies entspricht einem Anteil an der Gesamtbevölkerung in dieser Altersgruppe von ca. 15,8 % (AWA 2017). Dazu gehören auch Studenten, die diese Art des Zusammenlebens bevorzugen. Dies auch vor dem Hintergrund, dass in den typischen Studentenstädten wie Universitäts- und Hochschulstädten sowie weiteren Bildungsstandorten – fast alle in deutschen Ballungsräumen – die Mietpreise stetig angestiegen sind (IW 2018). Besonders junge Familien aus der Mittelschicht haben es zunehmend schwerer, eine finanziell auskömmliche Wohnung in Ballungsgebieten oder in Innenstädten zu mieten geschweige denn zu kaufen Abschn. 4.1. In der Tab. 2.1 sind die Wohnkostenquoten[22], die jeweiligen Warm- und das verfügbare Haushaltsnetto für die 14 größten Städte in Deutschland mit Stand 2018 exemplarisch dargestellt.

---

[22]Wohnkostenquote: Verhältnis von Gesamteinkommen eines Haushalts und den durchschnittlichen Warmmietkosten der jeweiligen Stadt.

Tab. 2.1 Wohnkostenquote für ausgewählte Städte – Stand 1 Halbjahr 2018. (Entnommen aus Schiko 2018)

Stadt	Haushaltsnetto[a] (€)	Warmmiete (€)	Wohnkostenquote (%)
München	4242	1901	45
Berlin	3559	1387	39
Frankfurt am Main	4122	1607	39
Hamburg	3798	1457	38
Dresden	3444	1087	32
Nürnberg	3697	1187	32
Stuttgart	4249	1327	31
Düsseldorf	4059	1207	30
Köln	3909	1167	30
Hannover	3752	1077	30
Bremen	3628	1047	29
Leipzig	3333	987	29
Dortmund	3646	817	22
Essen	3775	847	22

[a]Haushaltsnetto: Nettoeinkommen der privaten Haushalte bezeichnet das Einkommen, welches dem einzelnen Haushalt nach Abzug aller Abgaben und Steuern, Beiträgen für Pflichtversicherungen den privaten Verbrauch und zum Sparen zur Verfügung steht – Synonym: Verfügbares Einkommen
Datenbasis: Vierköpfige Familie, die eine Wohnung zwischen 80 qm und 120 qm bewohnt. Als Einkommen wurde der Median des Einkommens einer Mittelschichtfamilie der jeweiligen Stadt zugrunde gelegt und mit 150 % je Paar veranschlagt. Die Veranschlagung bezieht sich auf einen Vollzeitbeschäftigten und einen mit 50 % Teilzeitbeschäftigten plus Kindergeld für zwei Kinder

Datenbasis für die Berechnung der Mietpreise in den ausgewählten Städten über 500.000 Einwohner waren alle auf der Online-Plattform von *Immowelt*[23] inserierten 4-Zimmer-Wohnungen mit einer Größe zwischen 80 qm und 120 qm. Dabei wurden ausschließlich Angebote berücksichtigt, die vermehrt online nachgefragt wurden. Als Median diente der mittlere Wert der Angebotspreise. Die Nebenkosten wurden mit einem Abschlag von 2,17 €/qm hochgerechnet auf Nettoentgelte umgerechnet. Dabei wurde die Steuerklassen 3

---

[23]Immowelt: Online-Plattform für Wohnungsangebote.

für Vollzeitbeschäftigung und die Steuerklasse 5 für die Teilzeitbeschäftigung angesetzt. Außerdem wurde das Steuerszenario mit kirchensteuerpflichtig, gesetzlich versichert und kein Kinderfreibetrag für die Berechnung benutzt. Das Kindergeld wurde für die beiden Kinder zum Gesamteinkommen addiert. Für beide Kinder wurde ein Alter unter 18 Jahren angesetzt. Im Ergebnis beschreibt die so ermittelte Wohnkostenquote den Anteil der Warmmiete am monatlichen Gesamt-Nettoeinkommen (BDA 2017; Schiko 2018). Ausgehend von dieser Datenlage wird deutlich, dass der Anteil der Energiekosten, die in die Warmmiete eingehen, deutlich gestiegen ist. Allerdings ist in der vorliegenden Berechnung die individuelle Stromnutzung der Haushalte, wie für Kühlschränke, Waschmaschinen, Fernseher, PCs und weitere, nicht berücksichtigt. Es wird aber deutlich, dass ein Mehraufwand für Energie im Wohnbereich einen erheblichen Anteil der Fixkosten eines Haushalts ausmacht, wobei im Vordergrund deutlich die Wärmenergie steht.

Literatur

AK [Arbeiterkammer Österreich] (2011) Online-Portal, Pressekonferenz, online unter https://www.arbeiterkammer.at/interessenvertretung/wirtschaft/wirtschaftkompakt/sozialstaat/Sozialstaat_reduziert_Armut_erheblich.html (Zugegriffen: 26. Febr. 2020)

Armutskonferenz, Online-Portal (2015) Armut und Wohnungslosigkeit, online unter http://www.armutskonferenz.at/files/bawo_praevention_wohnungslosigkeit-2015.pdf (Zugegriffen: 26. Febr. 2020)

AWA [Allensbacher Werbeträgeranalyse] (2017) Statistiken zum Wohnen in Deutschland, veröffentlicht von Statista Research Department, online unter https://de.statista.com/themen/1805/awa/ (Zugegriffen: 17. Febr. 2020)

BAWO [Bundesarbeitsgemeinschaft-Wohnungslosenhilfe] Autorenkollektiv (2015) Prävention von Wohnungslosigkeit, Forschungsprojekt gefördert von BMASK (Bundesministerium für Arbeit, Soziales und Konsumentenschutz) online unter http://www.armutskonferenz.at/files/bawo_praevention_wohnungslosigkeit-2015.pdf (Zugegriffen: 26. Febr. 2020)

BDA [Bundesagentur für Arbeit] (2017) Sozialversicherungspflichtige Bruttoarbeitsentgelte, (Hrsg.) Bundesagentur für Arbeit

Boardman, B. (2010) Fixing Fuel Poverty, Challenge and Solutions in Earth Scan, London

Bornehag, C. G. et al. (2001) Dampness in Buildings and health. Nordic interdisciplinary review of scientific evidence on associations between exposure to "dampness" in Buildings and health effects (NORDDAMP). In: Indoor air 11(2); 72–86

Bouzarovski, St. Petrova, S. et al. (2013) *Precarious Domesticities Energy Vulnerability among young urban adults* (Hrsg.) Bickerstaff, K. et al. In: *Energy Justice in Changing Climate*, London

CO_2-Abgabe Verein e.V., (2019) Energie steuern klima- & sozialverträglich gestalten – Wirkungen und Verteilungseffekte des CO_2-Abgabekonzeptes auf Haushalte und Pendelnde, online unter https://co2abgabe.de/wp-content/uploads/2019/01/Wirkungen_CO2_Abgabekonzept_2019_01_24.pdf (Zugegriffen: 19. Febr. 2020)

Destatis [Statistisches Bundesamt] (2019) Bevölkerungsentwicklung in Deutschland, online unter https://www.destatis.de/DE/Themen/Gesellschaft-Umwelt/Bevoelkerung/Bevoelkerungsstand/aktuell-quartal.html (Zugegriffen: 18. April 2020)

Dubois, Ute (2012) *From Targeting to Implementation: The Role of Identification of Fuel Poor Households, In: Energy Policy* 49, S. 107–115, DOI: https://doi.org/10.1016/jenpol.2011.11.087

EU FPN [*EU Fuel Poverty Network*] (2014) online unter http://fuelpoverty.eu (Zugegriffen: 20. Febr. 2020)

EU [European Union] (2019) European energy poverty index (EEPI) – Assessing member states progress in alleviating the domestic transport energy poverty nexus. ISBN 978-2-9564721-5-5 EAN 782956472155, online unter https://www.openexp.eu/sites/default/files/publication/files/european_energy_poverty_index-eepi_en.pdf (Zugegriffen: 26. Februar 2020)

EU SILC [EU *Statistic Income and Living Conditions*] (2012) online unter https://ec.europa.eu/eurostat/web/microdata/european-union-statistics-on-income-and-living-conditions (Zugegriffen: 26. Febr. 2020)

Flues, F., Dender, K. (2017) *The impact of energy taxes on the anfordability of domestic energy No. 30* (Hrsg.) *Organisation for Economic Co-operation and Development* (OECD) online unter https://doi.org/10.1787/08705547-en (Zugegriffen: 24. Febr. 2020)

Friedrich, R., Krewin, W. (Hrsg.) (1979) Umwelt und Gesundheitsschäden durch Stromerzeugung – Externe Kosten von Stromerzeugungssystemen, Springer ISBN 3-540-63603-X

Gabler, Wirtschaftslexikon. (2018) online unter https://wirtschaftslexikon.gabler.de/definition/internalisierung-37223/version-260666 (Zugegriffen: 19. Febr. 2020)

Grafe, R. (2018) Umweltwissenschaften für Umweltinformatiker, Umweltingenieure und Stadtplaner, Springer Heidelberg ISBN 978-3-662-57746-2, ISBN 978-3-662-57747-9 – eBook, https://doi.org/10.1007/978-3-662-57747-9

Grafe, R. (2020) Umweltgerechtigkeit, Springer Fachmedien Wiesbaden ISBN 978-3-658-29082-5_478999_1_De

Heindl, P., Löschel, A. (2016) Analyse der Unterbrechungen der Stromversorgung nach §19 Abs. 2StromGVV (Hrsg.) Zentrum für Europäische Wirtschaftsförderung (ZEW) online unter http://ftp.zew.de/pub/zew-docs/gutachten/AnalyseUnterbrechungenStromversorgung2016.pdf (Zugegriffen: 21. Febr. 2020)

Hornberg, C., Bunge, Ch. (2015) Auf dem Weg zu mehr Umweltgerechtigkeit: Handlungsfelder für Forschung, Politik und Praxis, online unter https://difu.de/sites/difu.de/files/archiv/veranstaltungen/2012-11-19-umweltgerechtigkeit/hornberg.pdf (Zugegriffen: 26. März 2020)

Hutsteiner, R. (2018) Wie sieht eine Gemeinde im Jahr 2050 aus – in dem Jahr also, in dem die CO_2-Emissionen laut Pariser Klimaabkommen weltweit netto null sein müssten? Diese Frage haben Forscher anhand der steirischen Gemeinde Seiersberg beantwortet - und ein Modell realisiert. In: Öl-Wissenschaft, online unter https://science.orf.at/v2/stories/2935659/ (Zugegriffen: 19. April. 2020)

IW [Institut der deutschen Wirtschaft] (2018) Studentenwohnpreisindex 2018, veröffentlicht von Statista Research Department, Hamburg, online unter https://de.statista.com/statistik/daten/studie/616381/umfrage/mieten-fuer-studentisches-wohnen-nachstaedten-in-deutschland/ (Zugegriffen: 21. Febr. 2020)

Kunnert, A. Baumgartner, J. (2012). Instrumente und Wirkungen der österreichischen Wohnungspolitik, (Hrsg.) Österreichisches Institut für Wirtschaftsforschung (WIFO) online unter https://www.wifo.ac.at/publikationen/studien

Maurer, A. (2018) in Gabler Wirtschaftslexikon, online unter https://wirtschaftslexikon.gabler.de/definition/soziooekonomie-53796/version-276863 (Zugegriffen: 21. März 2020)

Mitscherlich, A. (1965) Die Unwirtlichkeit unserer Städte, Suhrkamp

Moriske, H. J., Wensing, H. (2001): Neue Untersuchungsergebnisse zum Phänomen „Schwarze Wohnungen" In: Gefahrstoffe – Reinhaltung der Luft. Nr. 9, Springer-VDI-Verlag, Düsseldorf Sept. 2001, S. 387ff. (PDF; 409 kB) online unter ISSN 0039-0771; Neue Untersuchungsergebnisse zum Phänomen „Schwarze Wohnungen" (Zugegriffen: 24. Febr. 2020)

OFPA [Organisation Fuel Poverty Action] (2014) - Statement In: Weis, L et al. (2015) Energiedemokratie – Grundlagen und Perspektiven einer kritischen Energieforschung (Hrsg.) Rosa-Luxemburg-Stiftung, V. i. s. P. Martin Beck ISSN 2994-2242

Petrova, S. et al. (2013) Perception of thermal comfort and house quality. Exploring the micrographics of energy povery in Stakhanov Ukraine. In: Environmental Planning A 45 (5)

Rudnicka, J. (2018) Grad der Urbanisierung in Deutschland, online unter https://de.statista.com/statistik/daten/studie/662560/umfrage/urbanisierung-in-deutschland/ (Zugegriffen: 18. April 2020)

Schiko, C. (2018) Mittelschicht Familien zahlen fast die Hälfte ihres Einkommens in IMMOWELT-News online-www.Immowelt.de, online unter https://news.immowelt.de/n/3672-miete-mittelschicht-familien-zahlen-fast-die-haelfte-ihres-einkommens.html (Zugegriffen: 21. Febr. 2020)

Schumacher, K., Cludius, J. et al. (2015) How to end Energy Poverty? Scrutiny of Current EU and Member States Instruments. EuropeanParliament, Brussels

Sovacool, B. K. (2013) Energy & Ethics, Palgrave Macmillian New York

Statistik Austrika (2009) online unter https://www.statistik.at/web_de/services/index.html (Zugegriffen: 23. Febr. 2020)

Statista [Statista Research Department] (2019) Wohnkostenüberlastung Deutschland, unter online https://de.statista.com/statistik/daten/studie/491732/umfrage/ueberbelastung-durch-wohnkosten-in-deutschland/ (Zugegriffen: 17. Febr. 2020)

Strünk, Ch. (2017a) Energiearmut bekämpfen – Instrumente, Maßnahmen und Erfolge in Europa (Hrsg.) Friedrich-Ebert-Stiftung, Abteilung Wirtschafts- und Sozialpolitik, ISBN: 978-3-95861-764-3, online unter http://library.fes.de/pdf-files/wiso/13273-20170403.pdf

Tembrock, G. (2000) Angst – Naturgeschichte eines psychobiologischen Phänomens, Wissenschaftliche Buchgesellschaft Darmstadt, ISBN 3-534-14096-6

UK [*United Kingdom Government*] (2014) referiert In: Weis, L et al. (2015) Energiedemo-kratie – Grundlagen und Perspektiven einer kritischen Energieforschung (Hrsg.) Rosa-Luxemburg-Stiftung, V. i. s. P Martin Beck ISSN 2994-2242

WDM [*World Development Movement*] (2014) *Towards and Just Energy System. The struggle to Energy Injustice, Compaign Briefing.* In: Weis, L. et al. (2015) Energie-demokratie – Grundlagen und Perspektiven einer kritischen Energieforschung (Hrsg.) Rosa-Luxemburg-Stiftung, V. i. s. P. Martin Beck ISSN 2994-2242

Empfohlene weiterführende Literatur

Haan, P. et al. (2017) Entwicklung von Altersarmut bis 2036, (Hrsg.) Bertelsmann Stiftung online unter https://www.bertelsmann-stiftung.de/fileadmin/files/BSt/Publikationen/ GrauePublikationen/Entwicklung_der_Altersarmut_bis_2036.pdf (Zugegriffen: 18. März 2020)

Kopatz, M., Spitzer, M., Christanell, A. (2010) Energiearmut Stand der Forschung, Nationale Programme und regionale Modellprojekte in Deutschland, Österreich und Großbritannien (Hrsg.) Wuppertal Institut für Klima, Umwelt und Energie. In: Wupper-tal Papers Nr. 184 ISSN0949-526, online unter https://epub.wupperinst.org/frontdoor/ deliver/index/docId/3606/file/WP184.pdf (Zugegriffen: 22. Febr. 2020)

Strünk, Ch. (2017b) Energiearmut bekämpfen: Instrumente, Maßnahmen und Erfolge in Europa (Hrsg.) Friedrich-Ebert-Stiftung, Abt. Wirtschafts- und Sozialpolitik ISBN: 978-3-95861-764-3

Aktuelle und zukünftige Herausforderung

3.1 Bevölkerungsentwicklung und Bedarfe

Bevölkerungsentwicklung und Wohnbedarfe

„Die Zunahme der Weltbevölkerung wir zunehmend neue Herausforderungen in allen Bereichen der menschlichen Gesellschaft stellen. Gegenwärtig nimmt die Weltbevölkerung jedes Jahr um rund 83 Millionen zu. Nach Berechnungen der UN (UN = *United Nations*) wird die Bevölkerungszahl im Jahr 2050 zwischen 8,7 und 10,8 Milliarden liegen. Um 2000 waren es noch sieben Milliarden für 2100 werden bis zu 16,6 Milliarden erwartet" (php 2020b).

Siehe Abb. 3.1.

Eine wachsende Bevölkerung generiert sowohl steigende Wohn- als auch steigende Energiebedarfe. Das bedeutet, dass mehr Wohnraum geschaffen und mehr Energie bereitgestellt werden muss, um die Menschen zu versorgen (vgl. Abb. 3.2). Infolge dessen erfahren die natürlichen Ressourcen Boden, Wasser und Luft eine erhebliche Belastung – Auswirkungen auf Mikro- und Makroklima eingeschlossen (vgl. Abb. 3.1 und Abb. 3.2).

Dazu kommen soziale Veränderungen, die sich vor allem in den urbanen Ballungszentren entwickeln werden. Entscheidende Komponenten dafür sind sozioökonomische Aggregations- und Segregationsprozesse. Dabei wird auch die Raumreduktion, die zwangsläufig mit dem Wachstum der Bevölkerung in urbanen Siedlungsgebieten – Städten oder Ballungszentren – zusammen hängt, eine zentrale Rolle spielen Abschn. 4.1. Je dichter eine Siedlungsbebauung desto größer ist die

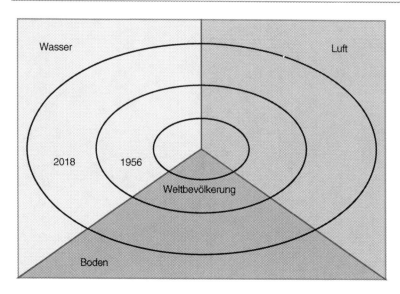

Abb. 3.1 Darstellung von Bevölkerungswachstum und Verbrauch von natürlichen Ressourcen

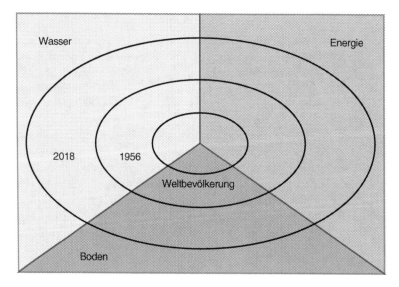

Abb. 3.2 Zusammenhang von Bevölkerungswachstum und Energiebedarf

Raumreduktion[1]. Die mit dem Bevölkerungswachstum einhergehende demografische Entwicklung gepaart mit ansteigender Verstädterung[2] erfordert neue Herangehensweisen besonders im stadtplanerischen Bereich. Das betrifft vor allem den Umgang mit Freiflächen im städtischen Bereich und intelligente Mobilitätskonzepte. Parallel zum Bevölkerungswachstum wird sich das Verhältnis von Land- und Stadtbevölkerung zugunsten der Stadt weiter verschieben. Zum Beispiel lebte 1950 nicht einmal ein Drittel der Weltbevölkerung in Städten, seit 2007 ist es mehr als die Hälfte und für 2050 werden laut UN (UN = *United Nations*) mehr als zwei Drittel dafür prognostiziert. Es wird erwartet, dass sich der Anteil der Stadtbevölkerung in den ökonomisch entwickelten Staaten im Zeitraum von 1950 bis 2050 von 54,6 % auf 85,4 % erhöht. Gleichzeitig wird davon ausgegangen, dass der Anteil der Stadtbevölkerung in den sich ökonomisch entwickelnden Staaten von 17,6 % auf 63,4 % steigt (bpb 2020a, b). Der mit der Bevölkerungsentwicklung einhergehende Trend zur Verstädterung steigert den Bedarf an Wohnungen, der auch mit den Chancen auf Teilhabe der Bewohner am wirtschaftlichen Erfolg und damit an einem individuellen Wohlstand verknüpft ist. Diesen Trend kennt man bereits aus der Historie: Mit Beginn der Mitte des 19. Jahrhunderts gab es eine Landflucht in die Städte, die mit der Hoffnung auf Arbeit und auf bessere Lebensverhältnisse gepaart war. Diese Hoffnung hat sich aus vielerlei Hinsicht und schon gar nicht in der Erwartung der Hoffenden erfüllt. Ein Beispiel sei dafür die Armut des Industrieproletariats und deren verheerenden Wohnbedingungen sowie die Entstehung des sogenannten Lumpenproletariats[3] während der Monopolisierung der kapitalistischen Wirtschaft im 19. Jahrhundert. Von Karl Marx wird dies in *„Der achtzehnte Brumaire des Louis Bonaparte"* (1851) beschrieben (Marx 1976). Ein ähnlicher Trend ist derzeit in den sich industriell entwickelnden Ländern zu verzeichnen (Bescherer 2019). Aus der historischen Betrachtung heraus wird schon deutlich, dass mit dem Anstieg der Bevölkerungszahl neue Quartiersnahme zusätzlich mit Anspruch auf Integration verbunden ist. Dazu kommen Migrationsprozesse infolge von globalen armutsbegründeten Flucht- und Wanderungsprozessen. Viele Flüchtlingsbewegungen hängen aber auch mit kriegerischen Auseinandersetzungen zusammen. Unabhängig davon aus welchen Gründen und wo Menschen Quartier

---

[1]Zur Vertiefung wird auf Grafe Umweltgerechtigkeit (2020) verwiesen.

[2]Verstädterung: Verstärkte Ansiedlung von Menschen in städtischen Siedlungsgebieten.

[3]Lumpenproletariat: Vielfalt an Menschen mit unterschiedlicher Klassenherkunft, insbesondere diejenigen, die auf das unterste Ende der Gesellschaft abgestiegen sind oder aus ihr stammen und keiner typischen Lohnarbeit, wie Lumpensammler, Gaukler etc. nachgehen (Karl Marx 1851).

nehmen, es geht um Wohn- und um Energiebedarfe. Vor diesem Hintergrund ist auch der weltweit beobachtete Trend der Verstädterung der Bevölkerung zu sehen, weil der städtische Raum die besseren Möglichkeiten für Wohn- und Lebensraum sowie die Chancen Arbeit zu finden bietet. Dieser Trend – oder drastischer ausgedrückt dieser Druck ist auch auf die globale Bevölkerungsentwicklung zurückzuführen. Das bedeutet, die Bereitstellung von Wohnraum und die Steuerung sozialräumlicher Gegebenheiten wird in Zukunft eine größere Herausforderung sein, als das zum gegenwärtigen Zeitpunkt absehbar ist.

▶   Die Siedlungs- und Wohnungsbaupolitik wird in neuen Dimensionen zu gestalten sein. Sie wird sich verstärkt auf die sozialräumliche Gestaltung der sich neu entwickelnden Lebensgemeinschaften auf engem Raum konzentrieren müssen. Dabei werden die sozialräumlichen Faktoren von weitaus größerer Bedeutung als derzeit sein, wobei auch dem Wohlfahrtsansatz eine größere Breite zugemessen werden muss, da es in der Zukunft nicht reichen wird, Einkommensschwache nur finanziell zu unterstützen. Sondern es wird darum gehen, unabhängig vom Einkommen der Bewohner, Voraussetzungen für Teilhabe und Zugang an Wohnen, Energie inkl. Mobilität zu ermöglichen, die nicht alleinig in Form finanzieller Zuwendung bestehen können und dürfen.

Bevölkerungsentwicklung: Megastädte und megaurbane Räume

„Im Jahr 2015 lebten weltweit vier Milliarden Menschen in Städten. Drei Viertel davon lebten in den ökonomisch sich entwickelnden Staaten und ein Viertel in den ökonomisch entwickelten Staaten. Die Hälfte der Städter lebte in Städten mit weniger als 500.000 Einwohnern. Rund ein Fünftel lebte in einer der 73 Städte mit mehr als fünf Millionen Einwohnern". (bpb 2020a)

Im Fokus der Betrachtung stehen derzeit die sogenannten Megastädte[4] (engl. *megacity*) als eine mögliche zukunftsfähige Vision. Sie sind sozusagen die Ablösung der bereits an den Stadträndern der Kernstädte[5] bestehenden Großraumwohnsiedlungen, wie in Paris, London oder Berlin. Zu den Megastädten zählen derzeit Moskau, Tokio, Los Angeles, Shanghai, Delhi, Kinshasa

---

[4]Megastädte: Städte, die zehn Millionen oder mehr Einwohner aufweisen.
[5]Kernstadt: Historisch gewachsener Innenstadtbereich.

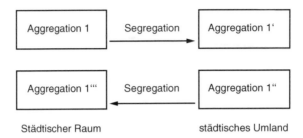

Abb. 3.3 Darstellung sozialräumlicher Aggregations- und Segregationsprozesse

und weitere. Die in der Vergangenheit infolge von Zersiedlung und Ausdehnung von Städten und durch Aufnahme von Vorstädten oder Siedlungen aus dem Stadtumfeld in den Bereich der Kernstädte entstandenen großflächigen und zum Teil stark verdichteten Agglomerationsräume – Großraumsiedlungen am städtischen Rand – werden auch als megaurbane Räume bezeichnet. Die damit verbundenen Segregationen und die entstehenden Aggregationen werden die Transformationsprozesse in den Städten und Großraumsielungen auch in der Zukunft beflügeln (vgl. Abb. 3.3). Dies auch vor dem Hintergrund des massiven Zuzugs der ständig wachsenden Bevölkerung in die Städte.

▷ Eine einheitliche bewohnerbezogene Grenze oder Bezifferung der Bewohnerzahl für Megastädte und megaurbane Räume gibt es derzeit nicht. In manchen Studien und Veröffentlichungen werden dafür Schwellenwerte von fünf oder acht Millionen Bewohnern festgelegt. Üblich ist derzeit die Angabe von mehr als 10 Mio. Bewohnern für megaurbane Räume.

Soziale Komponenten der zukünftigen Siedlungsentwicklung: Megastädte und urbane Megaräume

„Die Menschheit befindet sich derzeit inmitten des größten demographischen Umbruchs ihrer Geschichte. Einige Kennziffern dieser Entwicklung: Jede Sekunde kommen fast drei neue Erdenbürger hinzu. Zwischen 1960 und 2000 hat sich die Zahl der Menschen verdoppelt. Noch in diesem Jahr wird die Acht-Milliarden-Marke überschritten sein". (Zukunftswerkstatt 2020)

Tab. 3.1 Wohnraumbedarfe in Abhängigkeit von der Bevölkerungsentwicklung in Deutschland (UBA 2020)

Bezugsgröße	2011	2014	2018	Steigerung in %
Anzahl aller Wohnungen	Millionen	40,6	41,2	42,2	3,9
Gesamte Wohnfläche	Millionen Quadratmeter	3699	3769	3879	4,8
Durchschnittliche Wohnfläche pro Wohnung	Quadratmeter	91,1	91,4	91,8	0,9
Gesamtbevölkerung	Millionen	80,3	81,2	83,0	3,4
Wohnfläche pro Kopf	Quadratmeter	46,1	46,4	46,7	1,5

*Wohnungen in Wohn- und Nichtwohngebäuden z. B. Wohnheimen
**Quelle: *Statistisches Bundesamt*, 2019

Die mit der Bevölkerungsentwicklung einhergehenden sozialen Herausforderungen werden mehr denn je von demografischen, ethnischen und arbeitssoziologischen[6] Bedingungen geprägt sein[7]. Vor dem Hintergrund, dass die Ressource Boden, zumindest auf dem Planeten Erde nicht vermehrbar ist, werden Megastädte und suburbane Megaräume zukünftig mit Raumreduktion insbesondere für das Wohnen und das Wohnumfeld konfrontiert sein Abschn. 2.2. Die soziologischen Wirkungen von Raumreduktion auf das Verhalten von Menschen werden zukünftig eine maßgebliche soziale Komponente sein, in der sich Sozialisation und Raum bzw. Raumreduktion und soziales Verhalten abbilden (Kunnert und Baumgartner 2012). Neben der Arbeitssoziologie wird die Raumsoziologie[8] für die Gestaltung urbaner Räume, wie Megastädte und megaurbane Räume von großer Bedeutung sein. Ein interdisziplinärer Wissenschaftsansatz ist dafür unumgänglich. Dies auch vor dem Hintergrund, dass Raumsoziologie ein noch verhältnismäßig neues Teilgebiet der Soziologie ist. Der Anstieg an genutztem Wohnraum in Quadratmetern ist in der Vergangenheit in Deutschland ständig angewachsen. Der durchschnittliche Wohnraum betrug mit Stand 2018 in Deutschland 91 qm (vgl. Tab. 3.1).

---

[6]Arbeitssoziologie: Teil der Soziologie, das sich mit in allen sozialen Ausformungen von Arbeit wie Zusammenwirken von Arbeitsplatz und sozialem Umfeld, sozioökonomischem Stand und der Wertewandlung der Arbeit beschäftigt.

[7]Zur Vertiefung wird auf Grafe Umweltgerechtigkeit (2020) verwiesen.

[8]Raumsoziologie: Teilgebiet der Soziologie, das sich mit der Raumbezogenheit der Gesellschaft wie das Entstehen von Räumen durch soziales Handeln oder der Abhängigkeit des Handelns von räumlichen Strukturen beschäftigt.

Im Vergleich dazu liegen die durchschnittlich genutzten Wohnflächen in der Megastadt Tokio derzeit bei 40 qm – ein Umstand, der der Bevölkerungsdichte in der Stadt geschuldet ist.

Neben den Wohnbedarfen von jüngeren Generationen, die häufig einen Familienverbund von vier Personen aufweisen, gibt es in Städten eine Vielzahl von Ein-Personen-Haushalten Abschn. 2.4. Darüber hinaus verbleiben infolge von Veralterung ganze Generationen in den Städten, die ebenfalls in Ein-Personen-Haushalten leben. Es handelt sich dabei um eine Bevölkerungsgruppe, die nicht mehr am wirtschaftlichen Wachstum beteiligt wird oder nicht mehr teilnehmen kann. Überwiegend bleibt diese Gruppe in ihrem angestammten Wohnraum, sodass Stadtquartiere mit einer überdurchschnittlichen Anzahl von älteren Menschen entstehen, die häufig einkommensschwach sind. Diese sozioökonomische und demografisch bedingte Aggregation in Städten wie auch auf dem Land wird zunehmend, insbesondere was Teilhabe und Mobilität angeht, von Bedeutung sein. Häufig sind Menschen dieser Gruppe durch vorhergegangene Singularisierung infolge von Arbeitsverlust oder Verlust von Familienangehörigen im Alter allein, d. h. sie haben weder einen festen Familienverbund noch andere sozialen Bindungen (vgl. Abb. 3.4). Häufig können sie aus gesundheitlichen oder ökonomischen Gründen nicht mehr an Freizeitaktivitäten wie Sport, Vereinsleben und weiteren teilnehmen.

Zur Vereinsamung im Alter tragen unter anderem auch die Sozialisierungsphasen während der Ausbildung und der Beschäftigung in der Arbeitsumwelt Abb. 1.2 maßgeblich bei (Huxhold und Engstler 2019). Durch die sich ständig veränderte Arbeitsumwelt und der damit einhergehenden Anforderungen an die Mobilität der Menschen sind konventionelle Strukturen wie Familienverbund sowie feste Freundeskreise im Laufe des Lebens verloren gegangen oder konnten gar nicht erst entstehen. Unterschiedliche Beschäftigungsmodelle, lange Ausbildungszeiten, Kurz- und Langzeitarbeitslosigkeit, Arbeitsteilzeit, Mobilitätsanforderungen mit und ohne Wohnsitzwechsel und weitere haben einen wesentlichen Anteil an dieser Entwicklung (Schiller 2017, 2019). Die Großraumsiedlungen in vielen Städten Europas sind bereits jetzt schon von einem hohen Anteil an gealterten und vereinsamten Bevölkerungsgruppen geprägt (Freunscht 2004). Infolge des sich rasant verändernden Wandels der Beschäftigungsarten und -formen treten sozioökonomische Effekte auf, die

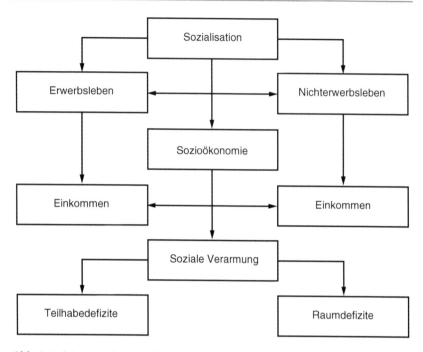

Abb. 3.4 Schematische Darstellung der Wirkungsfelder für demografisch bedingte Vereinsamung

zu Verarmung im Alter beitragen und die weitgehend einer Entsozialisierung[9] entsprechen. Im Ergebnis dieser Entwicklung ist Altersarmut zusammen mit Energiearmut ein Problem der nahen Zukunft (Schiller 2017 und Haan et al. 2017). Die damit verbundenen Gesundheitsprobleme und die defizitäre Teilhabe am gesellschaftlichen Leben sind bereits gegenwärtig (Hornberg 2015). Zusätzlich werden Flucht und anderweitige Wanderungs- und Migrationsprozesse zusätzlich für den Anstieg der Verstädterung sorgen. In Deutschland z. B. ist die Gruppe der Bevölkerung mit Migrationshintergrund im Vergleich

---

[9]Entsozialisierung: Aus der Gesellschaft weitgehend ausgeschlossen.

zur Gesamtbevölkerung im Durchschnitt jung. Obwohl die Zunahme unterschiedlich ethnischer Gruppen insbesondere in den Städten mehrheitlich junge Menschen umfasst, wird es in absehbarer Zeit auch zu einer Veralterung gepaart mit Verarmung in diesen Gruppen kommen, so dass durchaus ähnliche Entwicklungen, wie bei Menschen ohne Migrationshintergrund entstehen werden.

Menschen mit Migrationshintergrund sind durchschnittlich 35,4 Jahre alt, Personen ohne Migrationshintergrund 46,9 Jahre. Migrantinnen und Migranten der ersten Generation[10] sind durchschnittlich 44,2 Jahre alt, die der zweiten Generation 16,2 Jahre. Im Jahr 2011 lag für die Personen mit Migrationshintergrund der Anteil der armutsgefährdeten Personen mit 26,6 % mehr als doppelt so hoch verglichen zu Personen ohne Migrationshintergrund (12,3 %). Die Daten entstammen dem Mikrozensus[11] 2011. Die Gruppe der (Spät-)Aussiedlerinnen[12] und (Spät-)Aussiedler der ersten Generation sind durchschnittlich 50,2 Jahre. Ehemalige Arbeitsmigrantinnen und -migranten, die sogenannten „Gastarbeiter" sind im Durchschnitt 62,6 Jahre. Letztere sind im Durchschnitt älter als nicht migrierte Personen. Die Zahlen beziehen sich auf den Stand von 2016 und sind das Ergebnis einer Kohortenstudie in Form eines Surveys[13] (BMI 2015).

Die Armutsgefährdung dieser Personengruppen im Alter, wie auch anderer Gruppen der Gesellschaft ist überwiegend und maßgeblich eine Folge ihrer Beschäftigungssituation während ihres Erwerbslebens und ihres Bildungsstandes (Nowossadeck et al. 2017). Hier spielen wie auch bei anderen Bevölkerungsgruppen Bildung und Sozialisation in der Arbeitswelt eine entscheidende Rolle[14], die letztendlich auch im Wirkungsfeld von sozialer Verarmung infolge von sozioökonomischer Schwäche enden kann. Die Wirkungsfelder von sozialer Verarmung im Kontext mit Wohn- und Energiekosten sind in der Abb. 3.5 vereinfacht dargestellt.

---

[10]Migranten der 1. Generation: Zugewanderte Ausländer (Definition von 2005).

[11]Mikrozensus: Die größte jährliche Haushaltsbefragung der amtlichen Statistik in Deutschland.

[12]Spätaussiedler: Im Ausland als deutsche Minderheit gelebt und in die Heimat ihrer Vorfahren zurück gekehrt, um sich dauerhaft in Deutschland niederzulassen (BMI 2015).

[13]*Survey:* Erhebung von Fakten.

[14]Zur Vertiefung wird auf Grafe Umweltgerechtigkeit (2020) verwiesen.

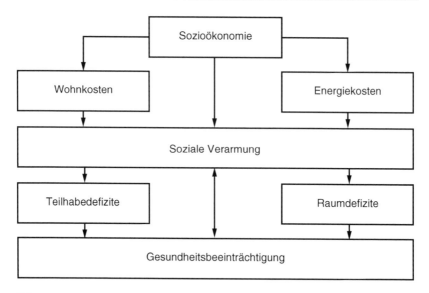

Abb. 3.5 Wirkungsfelder der sozioökonomisch bedingte Verarmung und Gesundheitsbelastung im Kontext von Wohnen und Energie

3.2   Komponenten der Energieversorgung

Die sozialen Komponenten der Energieversorgung und Gesundheitschancen

„Bis zu 80 Millionen Menschen leben in feuchten und nicht gut abgedichteten oder nicht wärmegedämmten Häusern, davon ein großer Teil in Mietwohnungen. Mehrheitlich gehören diese Menschen zu den Einkommensschwachen. Eine Verbesserung der Energieeffizienz für die Häuser würde eine deutliche Entlastung der Bewohner bei den Energiekosten bringen. Energiearmut kann so verhindert werden. Gleichzeitig würden Gesundheitskosten, die infolge von Funktionsdefiziten der baulichen Substanz entstehen, verringert". (Strünk 2017)

Zweifelsohne stehen Energieversorgung und Energienutzung in einem sozioökonomischen Kontext Abschn. 2.3. Das umfasst sowohl die Energie für die haushaltbezogene Nutzung als auch die für den Transport der Bewohner. Eine zentrale Rolle spielt dabei die Bausubstanz und deren Funktionalität. Je größer die Disfunktionalität der Wohnbausubstanz desto größer ist der finanzielle Aufwand für eine auskömmliche nicht gesundheitsgefährdende Wärmenergie Abschn. 2.4.

Diese Problematik wird noch dadurch verstärkt, dass Einkommensschwäche es nicht ermöglicht, funktionsfähige Wohnungen im Sinne von Erhaltung oder Begünstigung der Gesundheit zu mieten. Die Gesundheitschancen sind für Einkommensschwache besonders schlecht. Eine bestimmende Rolle spielen dabei Wohnbausubstanz, Energiezugang und Wohnumfeld. Die Chancen für Einkommensschwache diesem Dilemma zu entfliehen sind klein, weil die Kraft ausschließlich in den finanziellen Möglichkeiten der Betroffenen liegt. Soziale Verarmung ist zwar ökonomisch determiniert, sie geht aber auch immer mit Teilhabedefiziten und einer Verarmung an sozialen Kontakten einher. Im Ergebnis stellen sich soziale und sozioökonomische Vereinsamung der Betroffenen als ein Problem dar. Als Beispiel sei angeführt:

> „Nachdem ich in diese kleine Sozialwohnung in einem Seniorenwohnhaus eingezogen bin, kann ich meine Kinder, Enkel und die Urenkelin noch nicht einmal zu Kaffee und Kuchen einladen, geschweige denn zu meinem Geburtstag. Wir passen nicht einmal an meinem Tisch". (Anonym 2010)

Im Englischen gibt es für dieses und ähnliche Phänomene den Begriff des „Shaming" (engl. shame = Scham). Die soziale Scham der Betroffenen führt zwangsläufig in Einsamkeit. Die damit folgenden Gesundheitsbelastungen physischer und psychischer Art bedürfen einer größeren Aufmerksamkeit in der modernen Gesellschaft, als das bisher der Fall war. Mit finanzieller Unterstützung vonseiten des Staates allein ist das Problem nicht zu lösen. Es geht vielmehr um die Anerkennung von Lebensleistung. Vereinsamung, Altersarmut, Depression und im schlimmsten Falle um Selbstmord sind die Folgen. Entsozialisierung in einer sich wandelnden Gesellschaft und Arbeitsumwelt ist mehr als nur die Reduktion auf das Recht staatlich unterstützende Transferleistung in Form von finanzieller Unterstützung zu beanspruchen – es geht um Würde. Entsozialisierung ist immer auch ein Akt von Entwürdigung – ein Prozess, der zu einer Asozialisierung[15] in der Gesellschaft führen kann, weil eine Alimentation[16] deren Verfall provoziert (Huxhold und Engstler 2019). Prozesse von Entsozialisierungen laufen nicht nur, wie am Beispiel dargestellt, im Alter ab. Sie beginnen bereits dann, wenn soziales Miteinander infolge von räumlicher Trennung, Raumreduktion und ökonomischen Status behindert wird.

---

[15]Asozialisierung: Ausschluss aus der Gesellschaft.

[16]Alimentation: Bereitstellung von Mitteln, nicht nur finanzieller Art, für ein menschenwürdiges Dasein.

> ⟫ Der Komplex aus raumreduziertem Wohnen, Dysfunktionalität von
> Wohnraum und Wohnumfeld sowie die mit Wohnen und Transport
> verbundenen Energiekosten müssen als Komponenten von Wohnen
> und Energie inkl. der Energieversorgung gesehen werden. Dies auch
> vor dem Hintergrund, dass Energieversorgung, Wohnraumqualität
> und Qualität des Wohnumfeldes in einem unmittelbaren Zusammen-
> hang stehen, in dessen Dilemma sich die betroffenen Bewohner
> befinden.

Die monitären Komponenten der Energieversorgung

„Der Anteil der Energiekosten am Gesamteinkommen ist bei einkommensschwachen Haushalten generell deutlich höher als bei einkommensstarken Haushalten". (CO_2-Abgabe e.V. 2019)

Schwerpunkt der sozialen Komponenten der Energieversorgung ist die Ein-
kommenssituation der Menschen. Dabei ist es unerheblich, ob diese im städtisch
urbanen oder im ländlichen Bereich wohnen und dort mit Energie versorgt werden.
Im ländlichen Raum besteht allerdings auch eine gewisse Eigenversorgung für die
benötigte Wärmeenergie Abschn. 2.3. Dafür steigen aber die Kosten für die Transportenergie, die hauptsächlich durch die Anforderung an Mobilität entstehen. Der
Anteil der Menschen, die täglich zur Arbeit fahren müssen, ist im Vergleich zu den
in den Städten lebenden Menschen deutlich größer. Da der öffentliche Nahverkehr
im ländlichen Raum sehr stark eingeschränkt und zum Teil nicht Arbeitsplatz spezi-
fisch ausgerichtet ist, ist die Zahl der sogenannten Pendler hoch. Durchschnittlich
fahren die Menschen in Deutschland zum Arbeitsplatz zwischen 30 km und 60 km
pro Arbeitstag. Eine Vielzahl von Arbeitnehmern muss dafür das Auto als Trans-
portmittel nutzen. Darüber hinaus sind häufig Arbeitsplatz und privates Wohnen so
weit auseinander gelegen, dass an Wochenenden und Feiertagen noch zusätzlich
ein erhebliches Verkehrsaufkommen zu verzeichnen ist. Der Wandel der Arbeitswelt hat mit dazu geführt, dass die *Transportenergie* (engl. *transport energy*) zu
einem Kostenfaktor geworden ist. Insbesondere für Einkommensschwache Arbeit-
nehmer*innen ist das eine Herausforderung Abschn. 2.3. Das Einkommens-Energie-
kosten-Mobilitäts-Dilemma wird auch nicht für alle Pendler mit der in Deutschland
eingeführten Pendlerpauschale abgefedert – hier besteht ein Problem von
Energie(un)gerechtigkeit (CO_2-Abgabe e. V. 2019). Während Besserverdiener die
Pendlerpauschale bei der jährlichen Steuer ansetzen können, partizipieren Gering-
verdiener nicht oder sehr wenig daran. Dazu kommt, dass diejenigen, die die Kilo-
metergrenze für eine einfache Fahrt von 1000 km im Jahr nicht erreichen, sowieso

Abb. 3.6 Zusammenwirken von monetären und externalisierten Kosten durch Internalisierung

nicht berücksichtigt werden. Neben den finanziellen Aufwendungen, die die Nutzer von Energie aufbringen müssen, spielen aber auch die sozialen Komponenten der Energieversorgung und deren Gewinnung eine Rolle (vgl. Abb. 3.6). Neben den für die Energiegewinnung notwendigen betriebswirtschaftlichen Kosten, die unmittelbar mit dem Prozess der Energiegewinnung aus fossilen Brennstoffen wie Kohle, Erdgas und Erdöl zusammen hängen, betrifft es auch die Kosten, die mit den Folgen der Energiegewinnung entstehen Abb. 2.4. Dazu gehören die aufzubringenden Kosten für Gesundheitsschäden, Sanierung von Umweltschäden wie Bergbaufolgeschäden und weiteren Abschn. 2.3 (Friedrich und Krewin 1979).

Das betrifft auch die Kosten, die im Zuge der Energiewende neu entstehen. Am Beispiel Deutschlands kann gezeigt werden, dass die gesamtwirtschaftlichen Kosten der Energiewende umso höher ausfallen, je länger gewartet wird, einen Preis für Treibhausgase, den sogenannten CO_2-Preis, einzuführen (CO_2-Abgabe e. V. 2019). Es ist davon auszugehen, dass dieser Preis die Kosten für Gesundheitsschäden und Umweltschäden abdeckt bzw. abdecken muss[17]. Vor dem Hintergrund, dass der Bedarf an Elektrizität und Wärmeenergie zunehmend mit alternativen Energien bedient wird, ist zu erwarten, dass die Energiewende, d. h. das Hinwenden zur Gewinnung und Nutzung von alternativen Energien sowohl aus monetärer als auch aus sozioökonomischer Sicht Vorteile bieten kann. Dabei gilt es jedoch, eine explizite Zuordnung der Bepreisung von Energie nach Energiegewinnungsart und Energietransport sicher zu stellen. Dafür stehen folgende Kriterien für eine Umsetzung zur Verfügung:

---

[17]Zur Vertiefung wird auf Grafe Umweltgerechtigkeit (2020) verwiesen.

- Energie für Haushalte (engl. *domestic energy*) und für den Transport (engl. *transport energy*) zunehmend mit Hilfe von alternativen Energieträgern gewinnen,
- Kostensteigerung für Energie auf der Basis fossiler Energieträger für Haushalte und für Transport,
- alle Energienutzer der gleichen Bepreisung unterziehen – wie Haushalte, Transport, Wirtschaft,
- Anpassung oder Aufhebung von bestehenden Steuern oder Umlagen an eine einheitliche CO_2-Bepreisung,
- Kosten für Stromtrassen vereinheitlichen – länderspezifische Aufwendungen aufheben (CO_2 e. V. 2019).

Unter dem Vorbehalt, dass die mit Gesundheits- und Umweltbelastung verbundenen Beeinflussungen über internalisierte Kosten auf den Erzeuger des Produktes umgelegt werden, sind neben sozioökonomischen Aspekten für den Konsumenten auch volks- und betriebswirtschaftliche Aspekte für Wirtschaft und Gesellschaft von Interesse. Emissionen von Schadstoffen und Lärmbelastung erzeugen hohe Kosten für das Gesundheitssystem und beeinflussen die Lebensqualität in Ballungszentren. Die vom Verkehr beanspruchten Flächen begrenzen die Möglichkeiten alternativer Nutzungen und zerschneiden Habitate und Lebensräume. Verkehrsstaus verursachen hohe volkswirtschaftliche Kosten. Das umfasst auch die Verantwortung der Energiewirtschaft für die Wohlfahrt der Gesellschaft. Vor diesem Hintergrund sind auch Deprivatisierung oder Teilprivatisierung der Energiewirtschaft zur Diskussion zu stellen: Insbesondere deshalb, weil beide Modelle derzeit bereits in Mitgliedsländern der europäischen Union existieren (Strünk 2018). Die Vor- und Nachteile der Modelle sollten kritisch analysiert werden, damit sozialverträgliche Maßnahmen abgeleitet werden können, um Wohn- und Energiearmut zu verhindern. Es sind Handlungsansätze mit Nachhaltigkeitsanspruch gefragt.

Literatur

Anonym (2010) Interview: Soziale Kontakte in Seniorenwohnhäusern in Berlin Mitte, unveröffentlicht
Bescherer, P. (2019) Deklassiert und korrumpiert: Das Lumpenproletariat als Grenzbegriff der politischen Theorie und Klassenanalyse von Marx und Engels In: Ethik und Gesellschaft. Ökumenische Zeitschrift für Sozialethik 2/2019, online unter http://www.ethik-und-gesellschaft.de/ojs/index.php/eug/article/view/1-2018-art-2 (Zugegriffen: 06. März 2020)

BMI [Bundesministerium des Inneren, Bau und Heimat] (Hrsg.) (2015) Willkommen in Deutschland – Informationen für Spätaussiedler, online unter https://bmi.bund.de/DE/themen/heimat-integration/kriegsfolgen/spaetaussiedler/spaetaussiedler-node.html (Zugegriffen: 11. März 2020)

bpb [Bundeszentrale für politische Bildung] (2020a) online unter https://www.bpb.de/nachschlagen/zahlen-und-fakten/globalisierung/52705/verstaedterung (Zugegriffen: 05. März 2020)

bpb [Bundeszentrale für politische Bildung] (2020b) online unter https://www.bpb.de/nachschlagen/zahlen-und-fakten/globalisierung/52699/bevoelkerungsentwicklung (Zugegriffen: 05. März 2020)

CO_2-Abgabe e.V., (2019) Energie steuern klima- & sozialverträglich gestalten – Wirkungen und Verteilungseffekte des CO_2-Abgabekonzeptes auf Haushalte und Pendelnde, online unter https://co2abgabe.de/wp-content/uploads/2019/01/Wirkungen_CO2_Abgabekonzept_2019_01_24.pdf (Zugegriffen: 19. Febr. 2020)

Freunscht, J. (2004) Auswirkungen des demographischen Wandels auf Großwohnsiedlungen in Ostdeutschland, Facharbeit 9. Fachsemester, Räumliche Auswirkungen des demographischen Wandels, Fachbereich Volkswirtschaft, Universität Trier, online unter https://www.uni-trier.de/fileadmin/fb4/prof/VWL/SUR/Lehre/SS04/seminar/arbeiten/13_Grosswohnsiedlungen_-_Freunscht.pdf (Zugegriffen: 06. März 2020)

Friedrich, R. Krewin, W. (Hrsg.) (1979) Umwelt- und Gesundheitsschäden durch Stromerzeugung, Externe Kosten von Stromerzeugungssystemen, Springer ISBN 3-540-63603-X

Haan, P. et al. (2017) Entwicklung von Altersarmut bis 2036, (Hrsg.) Bertelsmann Stiftung online unter https://www.bertelsmann-stiftung.de/fileadmin/files/BSt/Publikationen/GrauePublikationen/Entwicklung_der_Altersarmut_bis_2036.pdf (Zugegriffen: 18. März 2020)

Hornberg, C., Bunge, Ch. (2015) Auf dem Weg zu mehr Umweltgerechtigkeit: Handlungsfelder für Forschung, Politik und Praxis, online unter https://difu.de/sites/difu.de/files/archiv/veranstaltungen/2012-11-19-umweltgerechtigkeit/hornberg.pdf (Zugegriffen: 26. März 2020)

Huxhold, O. Engstler, H. (2019) Soziale Isolation und Einsamkeit bei Frauen und Männern im Verlauf der zweiten Lebenshälfte In: Vogel. et al. (Hrsg.) Frauen und Männer in der zweiten Lebenshälfte, online unter https://doi.org/10.1007/978-3-658-25079-9_5 (Zugegriffen: 17. März 2020)

Kunnert, A., Baumgartner, J. (2012). Instrumente und Wirkungen der österreichischen Wohnungspolitik, (Hrsg.) Österreichisches Institut für Wirtschaftsforschung (WIFO) online unter https://www.wifo.ac.at/publikationen/studien

Marx, K. (1851) Der achtzehnte Brumaire des Louis Bonaparte (Hrsg.) Dietz Verlag 1976

Nowossadeck, S. et al. (2017) Migrantinnen und Migranten in der zweiten Lebenshälfte, Report: Altersdaten (Hrsg.) Deutsches Zentrum für Altersfragen, online unter https://www.dza.de/fileadmin/dza/pdf/Report_Altersdaten_Heft_2_2017.pdf (Zugegriffen: 10. März 2020)

Schiller, Ch. (2019) Anstieg der Arbeitslosigkeit in Deutschland In: *Policy Brief* 1, 1. Aufl. 2019 (Hrsg.) Bertelsmann Stiftung

Schiller, Ch. (2017) Entwicklung der Altersarmut bis 2036 Studie: Altersarmut (Hrsg.)
    Bertelsmann Stiftung, online unter https://www.bertelsmann-stiftung.de/de/themen/
    aktuelle-meldungen/2017/juni/wandel-der-arbeitswelt-laesst-altersarmut-steigen/
    (Zugegriffen: 06. März 2020)
Strünk, Ch. (2017) Energiearmut bekämpfen – Instrumente, Maßnahmen und Erfolge
    in Europa (Hrsg.) Friedrich-Ebertstiftung, In Gute Gesellschaft – soziale Demokratie
    ISBN 978-395861-7643
[UBA] Umweltbundesamt (2020) (Hrsg.) online unter https://www.umweltbundesamt.de/
    daten/private-haushalte-konsum/wohnen/wohnflaeche#zahl-der-wohnungen-gestiegen
    (Zugegriffen: 13. März 2020)
Zukunftswerkstatt (2020) Urbanisierung – die Stadt von morgen, (Hrsg.) Zukunftsinstitut,
    online unter https://www.zukunftsinstitut.de/artikel/urbanisierung-die-stadt-von-morgen/
    (Zugegriffen: 13. März. 2020)

Instrumente und Handlungsansätze für ein energiegerechtes Wohnen – Nachhaltigkeitsansatz

4

Energiegerechtes Wohnen – Nachhaltigkeit im Kontext von Wohnen und Energie

> „Wie in vielen anderen Ländern auch, leben in Deutschland deutlich mehr Menschen in der Stadt als auf dem Land. Grund dafür ist, dass immer mehr Arbeitsplätze in mittelgroßen Städten und Großstädten entstehen. Von besonders hoher Attraktivität sind dabei Universitätsstädte und Städte mit einem wissenschaftlichen Forschungspotenzial. In der Folge nimmt die Zahl der Städte, deren Bevölkerung stetig wächst, kontinuierlich zu. Durch einen höheren Zuzug entsteht häufig Wohnraummangel und ein Mangel an bezahlbaren Büro- und Gewerbeflächen in zentralen Lagen". (Volz und Schwatlo 2020)

Zahlreiche Städte sind auf die Herausforderungen eines verstärkten Zuzugs von Wohnbevölkerung nicht ausreichend vorbereitet, zumal dieser Trend auch neue Segregations- und Aggregationsprozesse provoziert Abschn. 3.1. Da im Kostengeflecht von Wohnen neben den Mieten inkl. Warmmiete noch Transportenergiekosten zum Tragen kommen, die häufig nicht unerheblich sind, wird Arbeiten und Wohnen in den Ballungszentren und Mittel- und Großstädten immer teurer. Der Ausweg, energieineffiziente Wohnung mit geringerem Mietzins mit den anfallenden haushaltsbezogenen Energie- und Transportkosten für die geforderte oder gewünschte Mobilität zu kompensieren, rechnet sich nur in sehr seltenen Fällen. Die Städte der Zukunft bedürfen neben ausreichend bezahlbaren Wohn- und Gewerberaum darüber hinaus ein klares Konzept für die Möglichkeit des Zusammenarbeitens von Wissenschaft und Wirtschaft, das auch die Möglichkeiten des Wohnens inkl. der damit entstehenden Kosten für den Transport beinhaltet. Die Realisierung dieses Ansatzes steht durch die derzeitige Entwicklung, dass die Zukunft der Wirtschaft sich mehr und mehr zur digitalen Wertschöpfungskette entwickelt, unter einem neuen Stern.

R. Grafe, *Umweltgerechtigkeit – Wohnen und Energie,* essentials, https://doi.org/10.1007/978-3-658-30593-2_4

▶ Digital erwirtschaftete Werte werden zukünftig einen zunehmenden Anteil an der Wertschöpfungskette haben. Damit ändern sich auch soziale Strukturen in entsprechenden Siedlungsgebieten, insbesondere in Städten mit einem hohen Anteil an akademisch ausgebildeten Arbeitnehmern und forschungsintensiven und kreativen Unternehmen. Das bedeutet, dass die auf akademischem Wege erzielten Werte einen bestimmenden Anteil an der zukünftigen Arbeitsumwelt und deren Sozialisierungspotenzial haben.

Energie und Wohnen in Bestandsstädten und Transformation von Nutzungen

„Infolge des zunehmenden Zuzugs in die Städte zeichnet sich aktuell eine urbane Transformation dieser ab. Vor dem Hintergrund das die Ressource Boden nicht vermehrbar ist, sind neue Transformationsprozesse, die über herkömmliche Aggregations- und Segregationsprozesse hinausgehen, notwendig. Sanierung von Altbausubstanz und Leerstand sowie die Umnutzung von stillgelegten Industrie- und Gewerbebauten sind zwingende Bestandteile für eine zukunftsfähige Transformation". (Volz und Schwatlo 2020)

Da die Städte in Deutschland wie auch in anderen europäischen Ländern, insbesondere die Universitätsstädte mit Wissenschafts- und Forschungspotenzial, überwiegend historisch entstanden sind, ist ihre Gebäudestruktur auch historisch geprägt. Das umfasst neben historisch wertvollen Gebäuden auch Wohnbebauung, die zum Teil auf die Gründerzeitjahre und auf Nachkriegsbebauung nach 1918 und nach 1945 zurückgeht. Zu einem großen Teil sind diese Wohnbebauungen im Laufe der Zeit durchaus für das moderne Wohnen qualifiziert worden. Das umfasst neben der sanitären Qualifizierung auch die energetische Sanierung dieser Wohnbauten. Trotzdem gibt es noch einen erheblichen Altbaubestand, der geprägt ist von Funktionsdefiziten und vor allem von Energieineffizienz (Hesse und Patzer 2017). Dazu kommt, dass Bebauung immer mit Flächennutzung und damit mit Versiegelung von Boden, ein Teil der natürlichen Ressourcen, einhergeht, die nicht vermehrbar ist. Jeder Baukörper ist gekennzeichnet von Klimarelevanz, die neben Aufheizung und Freiraumreduktion auch Bodenversiegelung beinhaltet. Je mehr Boden versiegelt wird, desto großer wird der Einfluss auf das globale und auf das lokale Klima – das Stadtklima[1]. Darüber hinaus stellt der Verlust an Freiraum im Ergebnis von Dichtbebauung eine soziale Komponente im Geflecht von städtischer Umwelt- und Gesundheit

---

[1]Zur Vertiefung wird auf Grafe Umweltgerechtigkeit (2020) verwiesen.

dar. Da urbane Transformationsprozesse[2] im Laufe der Zeit zur Aufgabe von Gebäuden, insbesondere von Wirtschaftsgebäuden und Industrieanlagen geführt haben, sind in Ballungsgebieten und Großstädten beachtliche Leerstände bzw. ungenutzte Flächen, sogenannte Industrie- oder Gewerbebrachen, entstanden. Industriegebäude, die derzeit nicht mehr für ihren eigentlichen Zweck genutzt werden und Industriebrachen stehen für eine zeitgemäße und möglichst zukunftsfähige Umnutzung zur Verfügung. Solche Areale können z. B. einer Quartiersentwicklung zugeführt werden, die vom kreativen Gewerbe, für Wohnen oder für Freizeitangebote genutzt werde können. Für solche Umnutzungen gibt es in der Zwischenzeit eine Vielzahl von guten Beispielen, wie die Umnutzung eines ehemaligen Industriegebietes in Berlin zu einem Hochschulcampus oder die Umnutzung eines stillgelegten kommunalen Klärwerksgeländes zu einem *Green-Bussiness* Forschungs- und Gewerbegebiet in unmittelbarer Nachbarschaft zu einer Großraumsiedlung im Berliner Osten nebst weiteren (Grafe 2018).

> ▷ Es wird zukünftig mehr denn je um eine Transformation von ehemaliger Nutzung in neue Nutzungen gehen, die Räume mit Wohnen, Räume für Arbeiten und Kreativität, Aufenthaltsqualität im Freien und kurzen Wegen zum Arbeitsplatz generieren. Das umfasst neben der eigentlichen Umnutzung sowohl bauliche und energetische Sanierung als auch Neubau.

Umnutzung und Sanierung von Gebäudebeständen bedeuten eine maßgebliche Ressourcenschonung, insbesondere des Bodens bei gleichzeitiger Schaffung von Energieeffizienz Abb. 3.1, 3.5. Neue Nutzungskonzepte bieten darüber hinaus in aller Regel Möglichkeiten der Beseitigung von in der Vergangenheit entstandenen Umweltschäden, den sogenannten Altlasten (Grafe 2018). Insofern gilt es, Neubau und Sanierung von Bausubstanz genau gegeneinander abzuwägen. Die Sanierung einer Altbausubstanz bedeutet fast immer den Verzicht auf eine neue Versiegelung des Bodens und damit ein klimaschonendes Vorgehen im Vergleich zum Neubau mit neuer Flächenversiegelung. Im städtischen Raum gehen Neubauten fast immer mit Freiflächenverlusten einher. Um dem Dilemma von zunehmender Versiegelung des Bodens infolge von Bevölkerungswachstum und Wohnungsnot zu entgehen, sind unter anderem die Megastädte bzw. suburbane Megaräume entstanden und entstehen noch Abb. 3.1. Während die suburbanen Megaräume Zersiedlung nach sich ziehen, führen die Megastädte zu einer

---

[2]Transformation: Umnutzung.

exorbitanten Verdichtung der Wohnbevölkerung (Schubert 2020). Obwohl eine Nachverdichtung in Städten und suburbanen Räumen in Zukunft nicht vermeidbar sein wird, müssen die sozialen und soziologischen Komponenten der jeweiligen Raumsituationen berücksichtigt werden. Eine Abwägung von zentraler und dezentraler Siedlungsentwicklung inkl. der Nachverdichtung ist in Hinblick auf die sozialräumlichen Belange, wie Sozioökonomie, Sozialisierung, Urbanität und Raumreduktion zwingend (Abschn. 3.1). (vgl. Abb. 4.1).

Nicht nur das Bauen von Wohn- und Gewerberäumen führt zu einer Verdichtung und des damit einhergehenden Freiflächenverlustes urbaner und suburbaner Siedlungsstrukturen, sondern auch die zunehmend im Innenstadtbereich erbauten Repräsentationsbauten, die einen nicht unerheblichen Flächenbedarf haben. Die Besonderheit dieser Bauten besteht darin, dass ihr großer Anteil an überbauter Fläche keinerlei Nutzen für die Allgemeinheit erfährt, sondern alleinig der Repräsentation dient. Das zeigt sich z. B. in riesigen überdachten und verglasten Lichthöfen und anderen architektonischen Attributen, die einen geringen oder keinen Nutzwert haben. Gleichzeitig geht mit dieser Entwicklung eine Raumreduktion für Wohnen und eine Verdichtung der Wohnbevölkerung einher, die dazu führt, dass zusätzlich in innerstädtischen Verdichtungsgebieten kein

Abb. 4.1 Raumreduktion im Spannungsfeld von Verdichtung und Zersiedelung

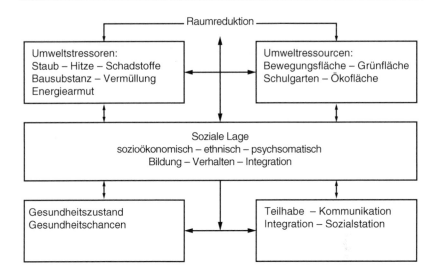

Abb. 4.2 Vereinfachte Darstellung der Raumwirkungsbeziehung

oder nur ein sehr geringer Freiraum für Aufenthalt, Bewegung und Erholung der Bewohner vorgehalten werden kann. Die Folgen sind physische und psychische gesundheitlichen Belastungen der Bewohnerschaft – die dem Vulnerabilitätsanspruch einer modernen Gesellschaft nicht gerecht werden (vgl. Abb. 4.2).

Darüber hinaus ist Flächenverschwendung durch Überbauung auch vor dem Hintergrund von Klimaschutz und Bevölkerungswachstum weder unter moralischen noch unter finanziellen Gesichtspunkten nachvollziehbar noch als verantwortungsbewusst für die Zukunft zu bewerten.

4.1 Urbanität und Mischnutzung – Wohnen, Arbeiten und Erholung

Lebensqualität als Schlüssel für Urbanität

„Mit dem Wandel von einer Industriegesellschaft zu einer Dienstleistungs- und Wissensgesellschaft erleben die Städte mit Beginn des 21. Jahrhunderts eine neue Funktion, die maßgeblich darin besteht, Lebensqualität vorzuhalten. Darüber hinaus bieten sie vielfältige Entwicklungsmöglichkeiten für die heutige, hoch individualisierte und digital vernetzte Gesellschaft". (Zukunftsinstitut 2020)

Der Anspruch Wohnen, Arbeiten und Erholung in städtischen und suburbanen Siedlungen erfordert Mischnutzungskonzepte in Form von Mikrostadtteilen in Form von Quartieren, oder sogenannten Kiezen, alle Angebote an ein städtischen Leben aufwiesen. Diese neu zu gestaltenden Stadtteile müssen die Anforderung an Urbanität erfüllen, d. h. Wohnquartiere mit Gewerbe, Hotels, Handelsein- richtungen, Schulen, Kitas, Kultureinrichtungen und weiteren Einrichtungen – sozusagen eine Stadt in der Stadt. Städte, die durch das Zusammenlegen von Dörfern oder Kleinstädten in der Vergangenheit entstanden sind, verfügen bis heute grundsätzlich über diese Strukturen soweit sie nicht durch Segregations- prozesse geschwächt worden sind. Dieses Erbe gilt es zu bewahren und in der Konzeption von neuen Quartieren zu ertüchtigen. Es geht also um eine Gestaltung von Wohn- und Arbeitsumwelt[3]. Aufgrund der Nachfrage nach städtischen Wohn- und Arbeitsraum werden sich die Wohnkosten für Miete in der Zukunft nicht maßgeblich verringern, weil die Mietpreise pro Quadratmeter Wohnraum steigen werden. In der Konsequenz bedeutet das, dass die Wohnungen kleiner werden. Dieser Trend ist bereits schon erkennbar: Im Jahr 2011 betrug die durchschnittliche Wohnfläche einer Neubauwohnung 110 qm, in 2015 waren es nur noch 91 qm (Schubert 2020). Das betrifft gleichermaßen auch die genutzten Büroflächen. Darüber hinaus werden neue Arbeitszeitmodelle zunehmend ent- stehen, die die Nutzungskapazität von Büroflächen sinken lassen. Dazu gehören vor allem digitale Arbeitsplätze, wie *Home Office* oder auch Büroarbeitsplätze, die von mehreren Nutzern in unterschiedlichen Zeitsegmenten genutzt werden – sogenannte *Share Desks*[4]. Das bedeutet auch, dass der noch immer übliche Besitz eines eigenen Büroarbeitsplatzes ein Modell der Vergangenheit sein wird. Neben der effizienteren Nutzung von Raum infolge von Reduzierung wird es zukünftig auch um eine Reduzierung des Individualverkehrs kommen, der derzeit noch eine maßgebliche Bedeutung für den Weg zur Arbeitsstelle hat. Ob die Verbesserung des öffentlichen Nahverkehrs diesem Dilemma unter Kostengründen und Energiegebrauch gerecht wird, ist derzeit nicht eindeutig zu bewerten, weil die Priorisierung des öffentlichen Nahverkehrs in den Städten die damit entstehenden Kosten nur externalisieren. Das heißt, die Energienutzung wird verlagert und nicht wie manchmal erhofft, maßgeblich reduziert. Außerdem kommt es zu einer Kostenverlagerung auf Städte und Gemeinden, die ihrerseits die finanziellen Auf- wendungen aus dem jeweiligen Gemeinde- bzw. Stadtbudget aufbringen müssen.

---

[3]Zur Vertiefung wird auf Grafe Umweltgerechtigkeit (2020) verwiesen.
[4]*Share Desks:* von mehreren Menschen geteilte Arbeitstische.

Wie der Anteil der internalisierten Kosten dabei ist oder sein sollte, ist nicht geklärt Abb. 3.6.

Zukunftsfähige Mobilität – ein Beitrag zu Energiegerechtigkeit und Nachhaltigkeit

„Private Haushalte in der EU investieren jährlich über eine Billion Euro in ihre Mobilität (engl. *transport energy*). In Deutschland sind es pro Kopf rund 2.600 € im Jahr, jeder siebte Euro fließt hier in Leistungen, die das Unterwegssein ermöglichen. Dabei legen sie rund 1,2 Billionen Personenkilometer per Pkw, Bus, Bahn, Flugzeug und Schiff im Jahr zurück". (EC 2017)

Zukunftsfähige Mobilitätskonzepte eröffnen gleichermaßen investive- und ökologische Möglichkeiten für Städte und Gemeinden als auch private Kostenreduzierung für Transportenergie. Man geht davon aus, dass z. B. allein durch *Shared Mobility*[5] im Jahr 2040 die privaten Ausgaben für eigene Autos um 25 bis 30 % gegenüber 2015 zurückgehen werden (Zukunftsinstitut 2017). Noch spielt die private Mobilität eine wichtige Rolle im Geflecht von Arbeits- und Schulweg, von Freizeit und Erholung sowie dem Zugang zu urbanen Einrichtungen, wie Kliniken, Arztpraxen, Einkaufsmöglichkeiten und weiteren. Zunehmend wird der Zusammenhang von Wegeökonomie und Energiegebrauch von essentieller Bedeutung sein (vgl. Abb. 4.3). Das betrifft nicht nur die privaten Transportkosten für Energie sondern auch diejenigen im öffentlich zugänglichen Transportwesen wie Bus, Bahn etc. Die Auslagerung von Einkaufszentren, Gewerbeansiedlungen, Krankenhäusern und Universitäts- bzw. Hochschulstandorten aus den Städten hat in der Vergangenheit zu einer erheblichen, wenn nicht sogar erzwungenen Mobilitätsabhängigkeit der Menschen geführt, die das Anwachsen des Individualverkehrs beflügelt hat. Das Ergebnis ist, dass die Energiekosten für Transport gestiegen sind Abschn. 2.4. Als ein Beispiel sei nur das Schließen von kleineren Schulen und das damit verbundene Zentralisieren von Schulstandorten, die fast ausschließlich nur mithilfe des privaten Pkw zu erreichen sind, genannt. Das Problem besteht nicht nur im ländlichen Raum, sondern auch in den Städten. Vor diesem Hintergrund wurde z. B. im Jahr 2010 in einigen Bezirken Berlins das Prinzip „Kleine Füße – Kurze Wege" für Kinder im Grundschulbereich verfolgt – eine gute Idee, die im wahrsten Sinne des Wortes Schule machen sollte. Das Prinzip könnte auch erweitert werden im Sinne von Wohnung und kurze Arbeitswege. Es würde mehr Freizeit, mehr Familienzeit und weniger Energieverschleiß bringen.

---

[5]*Shared Mobility:* Geteilte Mobilität.

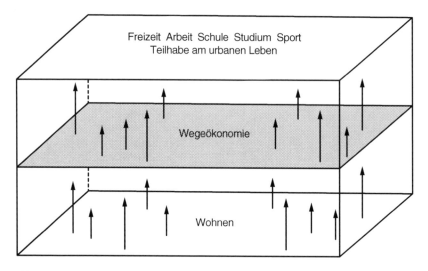

Abb. 4.3 Vereinfachte Darstellung von Wegeökonomie im Kontext von Urbanität und Mobilität

Die Basis für die Entwicklung zukünftiger Mobilitätskonzepte muss eine deutlich verbesserte Wegeökonomie sein, die sowohl Arbeitswege, Schulwege als auch alle anderen, die zum urbanen Leben gehören, umfassen. Gleichzeitig kann dem Anspruch auf Mobilität und Selbstbestimmung im Alter entsprochen und der Anteil der Energie für den Transport gesenkt werden Abschn. 3.2.

Nachhaltige Stadtkonzepte für städtisches Wohnen und Energie

„Beton und Asphalt verwandeln sich im Sommer zu Hitzespeichern. Mit der Versiegelung des Bodens infolge von Bebauung entstehen großflächige Wärmeinseln, da Baukörper und Straßenbeläge sich zu Hitzespeichern entwickeln. Hochbebauung bei gleichzeitiger Verdichtung produziert Düseneffekte, die sich zu sturmartigen Böen entwickeln können. Zunehmend heftigere Regenfälle sprengen die Abwasser- und Mischwassersysteme, da das Regenwasser nicht ausreichend abgeführt werden kann. Der Anteil von Freiflächen mit Erholungsqualität sinkt. Die Siedlungshygiene[6] gerät durch Verdichtung von Wohnbevölkerung in Gefahr – die Gesundheitsbelastung steigt". (WGBU 2016)

---

[6]Siedlungshygiene: Gesamtheit der Maßnahmen zur Vermeidung von Gesundheitsschäden.

Städtisches Wohnen wird zukünftig mit neuen Herausforderungen konfrontiert sein. Das betrifft insbesondere die stadtklimatischen Veränderungen infolge des globalen Klimawandels. Sozioökonomische, demografische und stadtklimatische Komponenten werden zunehmend infolge der Raumreduktion von zunehmender Bedeutung sein. Die im unmittelbaren Zusammenhang damit stehenden human-biometeorologischen und siedlungshygienischen Situationen gilt es, neu zu bewerten[7]. Die Stadt der Zukunft braucht ein Konzept, das technische Möglichkeiten, wie ökologisches Bauen, siedlungshygienische Balance und Neugestaltung, Nutzung von alternativen Energien für die Energieversorgung und Transformationsprozesse[8] für dysfunktionale Wohngebäude und Flächen, zukunftsfähig gestalten kann Kap. 4. Infolge von Gentrifizierung[9] und den damit verbundenen Anstieg der Lebenshaltungskosten wird es zunehmend zur Aggregation (Agglomeration) einkommensstarker Bevölkerung in den Stadtzentren kommen Abschn. 2.4. Gleichzeitig werden dadurch einkommensschwächere Bewohner verdrängt, was Segregationsprozesse provoziert. Letztere verlassen die Stadtzentren und besiedeln den Stadtrand oder das Umland. Es bilden sich durch Aggregation suburbane Siedlungsgebiete, die sich zu megaurbanen Räumen entwickeln Während in den Städten mit Hilfe des öffentlichen Nahverkehrs oder anderen Mobilitätsformen eine umweltfreundliche Mobilität ohne eigenen Pkw prinzipiell möglich ist, ist das für die Bewohner in den meisten suburbanen Gebieten nicht oder kaum möglich. Sie gehören zu den von hohen Mobilitätskosten Betroffenen. Daraus ergibt sich die zwingende Notwendigkeit für intelligente Mobilitätskonzepte für Städte und für suburbane Siedlungsgebieten (vgl. Abb. 4.3).

4.2 Politische Instrumente – Umweltgerechtigkeit Wohnen und Energie

Politische Instrumente im Kontext mit Umweltgerechtigkeit: Energie und Wohnen

„Infolge der zunehmenden Urbanisierung, schrumpft die Bevölkerung im europäischen Bereich. Die ländlich geprägten Regionen werden von einem enormen Bevölkerungsverlust betroffen sein. Die heutigen Großstädte und Metropolregionen erleben eine

---

[7]Zur Vertiefung wird auf Grafe Umweltgerechtigkeit (2020) verwiesen.

[8]Transformationsprozess: Umnutzungsprozess im urbanen Raum.

[9]Gentrifizierung: Aufwertung eines Stadtteils durch dessen Sanierung oder Umbau mit der Folge, dass die dort ansässige Bevölkerung durch wohlhabendere Bevölkerungsschichten verdrängt wird.

Aufwertung und werden viele Menschen anziehen. Städtische Lebensqualität ist zum Schlüsselfaktor für den Zuzug in die Stadt geworden. Die Stadt ist gleichzeitig Hoffnung und Garant für eine ökonomische, ökologische und soziale gesellschaftliche Entwicklung geworden. Darüber hinaus tragen neue Umwelttechnologien, energieeffiziente Lösungen und eine zunehmende Digitalisierung zur qualitativen Verbesserung des Stadtlebens bei". (Zukunftsinstitut 2020)

Die Zukunftsfähigkeit von städtischen und ländlichen Siedlungsgebieten, allen voran die Megastädte und megaurbanen Räume, wird im Hinblick auf die Bewertung von Umwelt- und Gesundheitsverträglichkeit zu bewerten sein. Dabei werden zunehmend Herausforderungen an die Siedlungshygiene im Verbund mit einem funktionsfähigen Gesundheitswesen zu bewältigen sein. Die Handlungsfelder werden durch den Zuzug von Wohnbevölkerung und Siedlungshygiene bestimmt sein und sowohl sozioökonomische als auch demografische und soziokulturelle Prozesse umfassen. Das bedeutet, dass ein interdisziplinäres Zusammenwirken von *Politics*[10] als gesetzgebende Administration, Wirtschaft und Executive als ausführende Administration interdisziplinär miteinander verknüpft agieren müssen. Das betrifft Investitionen und Förderung sowohl des Wohnungsneubaus bzw. von Sanierungsmaßnahmen im Altbestand als auch die Förderung der Energiewende im Hinblick auf die alternativen Energiegewinnungsprozesse – damit einhergehend mit einer sozialgerechten Energieversorgung Abschn. 3.2. Wohlfahrtsansätze, die aktuell und auch bereits in der Vergangenheit praktiziert wurden, um sozioökonomische Härten zu reduzieren, werden für die Städte der Zukunft nicht reichen. Dazu kommen die Aufwendungen für ein Gesundheitswesen, das nicht mehr den Rahmenbedingungen herkömmlicher Gesundheitseinrichtungen gerecht werden kann. Insbesondere die Auswirkungen von Umwelteinflüssen und von Raumreduktion infolge von Bevölkerungsverdichtung werden herkömmliche Rahmenbedingungen des Wohlfahrtsansatzes sprengen. Im Zuge der Megasiedlungsentwicklung wird es insbesondere um die Aufrechterhaltung und Neuordnung von siedlungshygienischen Maßnahmen, wie Sicherung von Freiräumen, Ressourcenerhalt, Mobilitätsangebote und weiteren, gehen. In den Zentren von Megastädten und suburbanen Megasiedlungen wird es darauf ankommen, wie Arbeitsumwelt, Transportprozesse und Urbanitätskomponenten miteinander verknüpft werden. Schlüsselfunktionen werden dabei Wegeökonomie und Raumreduktion gepaart mit Gesundheitsangeboten bzw. Gesundheitschancen sein Abb. 4.2. Gesundheitsbezogenen Beeinträchtigungen wie Verbreitung von

---

[10]*Politics:* Prozesshafte Verfahren der Politik, die nicht institutionell ausführbar sind.

ansteckenden Krankheiten größeren Ausmaßes und psychische Beeinträchtigungen durch Vereinsamung, die von Raumreduktion maßgeblich begünstigt werden, bedürfen zwingend eines kritischen Augenmerks auf die sich abzeichnende Megasiedlungsentwicklungen. Die derzeit agierenden Gesundheitssysteme sind auf diese Entwicklungen nicht oder noch nicht ausreichend vorbereitet.

Offene Handlungsfelder – Legislative/Politics

„Die Wucht der derzeitigen Urbanisierungsdynamik und ihre Auswirkungen sind so groß, dass sich weltweit Städte, Stadtgesellschaften, Regierungen und internationale Organisationen diesem Trend stellen müssen". (WGBU 2016)

Eine zukunftsfähige Gestaltung von Energie und Wohnen, die sowohl den sozioökonomischen als auch den sich rasant verändernden Lebens- und Arbeitsumwelten und den sich daraus ergebenen Lebensumständen gerecht werden kann, bedarf eines ganzen Komplexes von Herausforderungen. Dringlich sind derzeit:

- Rechtsrahmen für Förderprogramme, die der energieeffizienten Ertüchtigung von Altbaubeständen für die Wohnnutzung dienen Kap. 3; Abschn. 4.1,
  - Förderprogramme für einen ökologischen und energieeffizienten Wohnungsneubau,
  - Förderprogrammen für eine energiegerechte Energiewende,
- Rechtsrahmen für die Anpassung von Steuern und Umlagen, die sich aus der Energiewende ergeben inkl. der Berücksichtigung einer sozioökonomischen energiegerechten Bepreisung Abschn. 3.2,
- Entwicklung von gesundheitsrelevanten Faktoren für die Folgen von Raumreduktion und deren Festlegung im Baugesetzbuch Abschn. 4.1,
- verbindliche Festlegung für die Entwicklung von urbanen Mischnutzungen auf der Basis zukunftsfähiger Konzepte für eine Wegeökonomie Abb. 4.3,
- Änderung des Baugesetzbuches durch Aufnahme
  - des Umweltgerechtigkeitsansatzes und einer Gesundheitsverträglichkeitsprüfung im Rahmen von Planverfahren[11],
  - des Energiegerechtigkeitsansatzes im Rahmen der Gesundheitsverträglichkeitsprüfung,

---

[11]Zur Vertiefung wird auf Grafe Umweltgerechtigkeit (2020) verwiesen.

- Erarbeitung eines Umweltgesetzbuches in Analogie zum Baugesetzbuch und Aufnahme der umweltrelevanten Verursacherkosten und deren Deckungspflicht.
- Sicherstellung der Beteiligung der Bewohner bei Verfahren urbaner Transformationen.

Unter Einbindung von Energiegerechtigkeit in den Umweltgerechtigkeitsansatz wird ein interdisziplinäres Forschungsfeld notwendig, dass politische und wirtschaftliche Handlungsweisen zukunftsfähig machen kann (vgl. Abb. 4.4). Eine ganzheitliche Betrachtung des Umweltgerechtigkeitsansatzes ermöglicht es, die Komplexität von sozialräumlich bedingten Vulnerabilitäten, sozioökonomische Komponenten in Hinblick auf Teilhabe und Zugang, demografischen Entwicklungen und die Belange einer rasant stattfindenden Gentrifizierung zu betrachten. Die unter diesem Gesichtspunkt ermittelten Ergebnisse sind in die politischen Prozesse, die eine Gesellschaft steuern, einzubinden.

Im Ergebnis muss eine tragfähige Option für eine Gesellschaft mit einem gesetzlich verankerten Nachhaltigkeitsanspruch entwickelt werden, die von Teilhabe aller gesellschaftlichen Schichten geprägt ist.

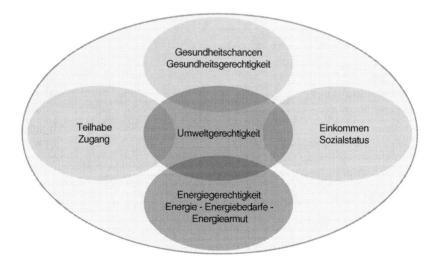

Abb. 4.4 Ganzheitliche Betrachtung des Umweltgerechtigkeitsansatzes im Kontext mit Wohnen und Energie (vgl. Abb. 1.4)

Literatur

EC [*European Commission*] EU *Reference* Scenario 2016. *Energy, Transport and GHG Emissions Trends to 2050*. (2017), online unter: https://ec.europa.eu/energy/sites/ener/files/docu-ments/ref2016_report_final-web.pdf (Zugegriffen: 28. März 2020)

Grafe, R. (2018) Umweltwissenschaften für Umweltinformatiker, Umweltingenieure und Stadtplaner, Springer ISBN 978-3-662-57746-2; ISBN 978-3-662-57747-9 eBook https://doi.org/10.10007/978-3-662-57747-9

Schubert, L. (2020) Vier Thesen zum Städtebau, In: Capital (2020), online unter https://www.capital.de/immobilien/id-4-thesen-zum-staedtebau-der-zukunft (Zugegriffen: 18. März 2020)

Volz, G., Schwatlo, W. (2020) Last uns lebenswerte Städte bauen, online unter https://www.capital.de/immobilien/lasst-uns-lebenswerte-staedte-bauen (Zugegriffen: 17. März 2020)

WGBU [Wissenschaftlicher Beirat der Bundesregierung Globale Umweltveränderungen] (2016) Der Umzug der Menschheit. Die Transformation der Städte https://www.wbgu.de/de/publikationen/publikation/der-umzug-der-menschheit-die-transformative-kraft-der-staedte#sektion-2 (Zugegriffen: 20. März 2020)

Zukunftsinstitut (2020) Urbanisierung - die Stadt von morgen, (Hrsg.) online unter https://www.zukunftsinstitut.de/artikel/urbanisierung-die-stadt-von-morgen/ (Zugegriffen: 13. März. 2020)

Zukunftsinstitut (2017) Die Evolution der Mobilität (Hrsg.) online unter https://www.zukunftsinstitut.de/fileadmin/user_upload/Publikationen/Auftragsstudien/ADAC_Mobilitaet2040_Zukunftsinstitut.pdf (Zugegriffen: 28. März 2020)

Empfohlene weiterführende Literatur

Hesse, T., Patzer, A. (2017) Klimaneutraler Gebäudebestand 2050: Energieeffizienzpotenziale und die Auswirkungen auf den Gebäudebestand, (Hrsg.) Umweltbundesamt ISSN 1862-4359, online unter https://www.bmu.de/fileadmin/Daten_BMU/Pools/Forschungsdatenbank/fkz_3716_41_110_klimaneutraler_gebaeudebestand_bf.pdf (Zugegriffen: 26. März 2020)

Zusammenfassung und Option

5

**Energiegerechtigkeit im Kontext mit Umweltgerechtigkeit –
Energie und Wohnen**

Mit der Erweiterung des Begriffes Umwelt um Sozialräume (engl.
social-related environment), gewinnt auch das Wirkungsspektrum von
Umweltfaktoren eine neue Dimension. Mit dem ganzheitlichen Begriff für
Umwelt, der sowohl die sozialräumliche als auch die sozioökonomische
Situation beinhaltet, wird deutlich, welcher Bedeutung der ganzheitliche
Begriff Umwelt im Geflecht der Lebensfunktionen im materiellen und im
immateriellen Sinne zukommt. Eine zentrale Rolle spielen dabei die Aspekte
von Zugang und Teilhabe im Hinblick auf Verteilung und Gerechtigkeit. Insbesondere Verteilungsgerechtigkeit, Zugangsgerechtigkeit, Vorsorgegerechtigkeit und Verfahrensgerechtigkeit im Sinne von Teilhabe spielen eine wichtige
Rolle. Energiegerechtigkeit steht wie Umweltgerechtigkeit im unmittelbaren
sozialräumlichen Zusammenhang, d. h. der soziologischen Umwelt. Die
Aggregation von Bevölkerungsgruppen im städtischen Raum ist ökonomisch
weitgehend über das Mietentgelt dominiert. Maßgebliche Gründe dafür liegen
oftmals in der sogenannten gebauten Umwelt. Mithilfe des Umweltgerechtigkeitsansatzes werden die Zusammenhänge von Sozioökonomie und Umweltbeeinflussung sowie Umwelteinfluss erfasst. Er bietet die sozialraumbezogene
Betrachtung von Gesundheitsbeeinträchtigungen und umfasst neben anderen
Faktoren auch den Zusammenhang von Einkommensschwäche, Wohnqualität
und Wohnungsqualität. Dabei stehen auch Faktoren wie Raumreduktion und
Teilhabeverluste im Fokus der Betrachtung. Teilhabeverluste sind maßgeblich
ökonomisch bedingt. Da die sozioökonomischen Bedingungen vorrangig
dazu beitragen können, dass der Zugang zu einem auskömmlichen Bedarf

an Energie nicht gedeckt werden kann, gehören auch Zugangsverluste und
Teilhabedefizite an Energie mit dazu. Einkommensschwache Bevölkerungsgruppen leben überwiegend in Wohnungen und Wohnquartieren mit erheblichen Funktionsdefiziten, wie schlechte Wärmedämmung, undichte Fenster
und Türen sowie feuchte Wände und weitere. Das bedeutet im Umkehrschluss:
erhebliche Baumängel provozieren möglicherweise weniger Mietentgelt, aber
mehr Entgelt für Energieaufwendungen, sodass die Spanne des Mietentgelts
zwangsläufig von Energieentgelt kompensiert oder auch überholt wird – eine
ökonomische Spirale, die Einkommensschwache immer ärmer macht. Neben
den physischen und psychischen Belastungen, die durch Energiearmut infolge
von Zugangsverlusten und Teilhabedefiziten entstehen, wie Immobilität und
Singularisierung, zeichnet sich im Ergebnis dieser Entwicklung auch eine
immer stärkere Belastung der Sozialsysteme inkl. des Gesundheitssystems
ab. Die Internalisierung von externalisierten Kosten spielt dabei eine nicht
unerhebliche Rolle. Der Vergleich von Energiearmut und damit Energiegerechtigkeit im Zusammenhang mit sozialräumlich induzierter Umweltgerechtigkeit in den europäischen Ländern zeigt, dass der Umgang mit dieser
Problematik ein europäisches gesamtgesellschaftliches Problem ist, das erhebliche Herausforderungen für Politik und Gesellschaft mit sich bringt. Die Notwendigkeit einer Gestaltung von zukunftsfähigen Städten bildet sich vor dem
Hintergrund von Bevölkerungswachstum, Aggregations- und Segregations-
prozessen derzeit schon deutlich ab. Einen zentralen Stellenwert wird dabei
die Raumreduktion in Megastädten und megaurbanen Räumen einnehmen –
eine Herausforderung, die sich aktuell schon in den bestehenden Megastädten und megaurbanen Räumen auf der ganzen Welt und in europäischen
Großstädten ablesen lässt. In diesem Zusammenhang muss auch der Ansatz
für Siedlungshygiene erweitert und neu im Kontext mit Gesundheitsfolgen
und Gesundheitsprävention diskutiert werden. Ein Forschungsansatz zum
Komplex Raumreduktion, Siedlungshygiene und Gesundheitsbeeinflussung ist
zwingend erforderlich. ◄

Was Sie aus diesem *essential* mitnehmen können

- Der Begriff „Umwelt" und damit Umweltgerechtigkeit beinhaltet mehr als herkömmlich diskutiert wird.
- Wohnen und Energie stehen in sozialräumlicher Beziehung, die für den Erhalt der physischen und psychischen Gesundheit essential ist.
- Transferzahlungen an die Betroffenen, die sich aus dem Wohlfahrtsstaat generieren, lösen Probleme wie Energiearmut, ungesunde Wohnverhältnisse sowie unzureichende Teilhabe und Kommunikation an gesellschaftlichen Prozessen nicht.
- Sozioökonomisch bedingte Raumreduktion führt zu physischen und psychischen Gesundheitsbelastungen – ein aktuelles Problem, das sich im Zuge des Wachstums der Weltbevölkerung noch verstärken wird.

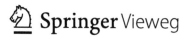

Printed in the United States
By Bookmasters